恐龍

Dinosaurs: A Very Short Introduction

Dinosaurs: A Very Short Introduction

恐龍

戴維·諾曼(David Norman)著

史立群 譯

OXFORD
UNIVERSITY PRESS

Oxford University Press is a department of the University of Oxford.
It furthers the University's objective of excellence in research, scholarship,
and education by publishing worldwide. Oxford is a registered trade mark of
Oxford University Press in the UK and in certain other countries

Published in Hong Kong by
Oxford University Press (China) Limited
39 Floor One Kowloon, 1 Wang Yuen Street, Kowloon Bay,
Hong Kong

恐龍

戴維・諾曼（David Norman）著

史立群 譯

ISBN: 978-019-083216-2

1 3 5 7 9 10 8 6 4 2

目　錄

緒論
恐龍：真實與虛構

　　恐龍正式「誕生」於1842年，源自英國解剖學家理查德・歐文(Richard Owen, 圖1)的真正傑出且富於直覺的探索工作，他主要研究英國某些已滅絕的爬行動物化石的特性。

　　在歐文的時代，可供其研究的只是到當時為止所發現的少量骨骼和牙齒化石，這些化石散佈於不列顛群島各地。雖然恐龍的誕生相對來說不算順利(最早只是作為補記出現在英國科學促進協會第11次會議發表的報告中)，但它們很快就成了全世界關注的中心。其中的理由很簡單。歐文在倫敦的皇家外科醫學院博物館工作，而當時的大英帝國大概正處於勢力範圍最廣闊的巔峰時期。為了慶祝這樣的影響和成就，有人提議在1851年舉辦大博覽會。為了舉辦這個活動，人們在倫敦市中心的海德公園建造了一個巨大的臨時展覽大廳(約瑟夫・帕克斯頓[Joseph Paxton]的鋼鐵和玻璃「水晶宮」)。

　　1851年底，人們並沒有拆毀這座絕妙的展覽大廳，而是將它遷到了倫敦郊區的錫德納姆(即後來的水

圖1 理查德‧歐文教授
（1804–1892）

晶宮公園）這一永久地址。展廳周圍的公共綠地得到了美化並按主題佈置，其中的一個主題描述了自然歷史和地質學方面的科學探索，以及它們對闡明地球歷史的貢獻。這個地質主題公園大概是同類公園中最早的之一，其中既有對真正地質特徵（洞穴、灰岩路面、地質層）的重建，也包括了對遠古世界居住者的再現。歐文與雕刻家兼主辦人本傑明‧沃特豪斯‧霍金斯（Benjamin Waterhouse Hawkins）合作，在公園內安放了巨大的有着鐵製骨架的混凝土恐龍模型（圖2）以及其他當時已知的史前生物模型。在1854年6月移址後的「大博覽會」重新開放之前，進行了前期的宣傳活動，包括1853年的元旦前夜在完成了一半的禽龍模型肚子裏

舉辦的慶祝晚宴，這使歐文的恐龍得到了公眾的極大關注。

恐龍是生活在迄今不為人所知的遠古世界的已絕滅動物，也是神話和傳說中的龍的實際化身，這些事實或許保證了它們被社會所廣泛接受；它們甚至出現在與理查德·歐文私交甚篤的查爾斯·狄更斯(Charles Dickens)的作品中。從這些令人記憶深刻的開端起，公眾對恐龍的興趣就被培養起來，並一直保持下去。至於為甚麼恐龍的吸引力如此持久，人們有很多推測：這可能與講故事的重要作用有很大關係，因為故事是激發人們想像力和創造力的一種手段。這讓我想到，人類智力增長和文化水平提高的關鍵時期是在大約3到10歲之間，這也常常是對恐龍的喜愛最狂熱的年齡段 —— 許多父母可以證實這一點 —— 這並非巧合。孩子們第一眼看到恐龍骨架時的興奮模樣是顯而易見的。正如已故的斯蒂芬·傑伊·古爾德(Stephen Jay Gould) —— 可以說他是最偉大的自然歷史科普作家 —— 精闢論述的那樣，恐龍之所以深受大眾喜愛，是因為它們「龐大、可怕，而且[對於我們來說幸運的是]已經滅絕」。的確如此，它們嶙峋的骨架對富於想像力的年輕人來說極具吸引力。

恐龍的潛在吸引力與人類心靈之間存在某種關係，很多神話和民間傳說為這一觀點提供了證據。阿德里安娜·梅厄(Adrienne Mayor)曾指出，早在公元前

圖2　上：水晶宮中禽龍模型的素描圖。下：水晶宮公園巨齒龍模型的照片

7世紀，古希臘人就與中亞的遊牧文化有所接觸了。當時的書面記錄中有對獅身鷹面獸(英文作Griffin 或 Gryphon)的描述：據說它是一種貯藏並警惕地守衛着金子的動物；它的身體像狼一樣大小，長有喙，四條腿，腳上有尖利的爪子。此外，至少是公元前3000年的近東藝術中描繪了類似獅身鷹面獸的動物，而邁錫尼文明也有此類描繪。獅身鷹面獸的神話起源於蒙古和中國的西北部，與天山和阿爾泰山地區的古絲綢之路和黃金勘探有關。(現在我們知道)這個地方擁有非常豐富的化石遺存，並因其保存完好的大量恐龍骨架而聞名；白色的骨骼化石在埋藏它們的鬆軟紅色砂岩的襯托下格外醒目，因此這些骨架特別容易被發現。更有趣的是，在這些砂岩中保存最豐富的恐龍化石是原角龍。它大致像狼一樣大小，長有突出的鉤狀喙，四條腿的末端長有帶尖利爪子的腳趾。它們的頭骨也有向上生長的醒目骨質飾角，這很可能就是獅身鷹面獸形象中常常描繪的翅狀結構的來源(比較圖3中的兩幅插圖)。人們對獅身鷹面獸的敘述和描繪持續了一千多年，但是在公元3世紀以後，它們的故事越來越顯示出寓言的特徵。基於這些事實，獅身鷹面獸的傳說似乎極有可能來源於穿越蒙古的遊牧旅行者對恐龍骨架的實際觀察；它們展示了奇異的神話怪獸與真實的恐龍世界之間的驚人聯繫。

透過客觀現實的苛刻鏡頭來看，恐龍文化的普遍

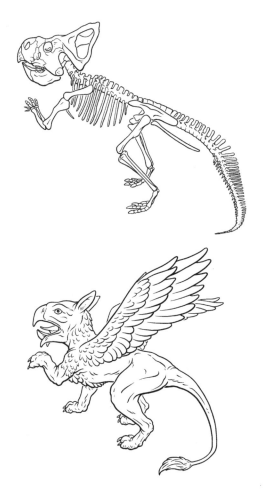

圖3　神話中的獅身鷹面獸展示了原角龍所有關鍵的解剖學特徵，穿越蒙古的絲綢之路上的旅行者或許曾經觀察過原角龍的骨架。

性是異乎尋常的。要知道，沒有人曾見過除鳥類之外的活恐龍(不管一些頗為荒誕的創造主義文學作品如何聲稱)。可鑒定出的最早的與我們同種的人類成員生活在大約50萬年前。[1] 相反，最後在地球上漫步的恐龍存在於大約6,500萬年前，之後它們很可能在一場因一顆巨大的隕星撞擊地球而引發的災變中與許多其他動物一起滅絕了(參見第八章)。因此，在它們突然滅亡之前，恐龍作為一群具有相當令人迷惑的多樣性的動物，在地球上生存了超過1.6億年。這無疑將促使人們對人類生存的時限以及目前人類對這個脆弱星球的主宰(特別是有關我們對資源利用、污染和全球變暖的爭論)等問題有一個明確而清醒的認識。

如今，對恐龍及其所生活的迥異於今的世界的認識本身即證明了科學非凡的解釋能力。盤根問底、探究自然界及其所有產物，以及不斷提出那個令人着迷的簡單問題——為甚麼？——的能力，是人類的本質特徵之一。為了確定這種一般性問題的答案而開創出縝密的方法是一切科學的核心，這一點絲毫不令人驚訝。

1　人屬(Homo)包括了許多個種，它們的中文俗名都通稱為「某某人」，比如100多萬年前的元謀人是人屬直立種(Homo erectus)，而200多萬年前的東非能人的種名為 Homo habilis，與我們現今的人類(即智人Homo sapiens)都不屬同一個種，不是「human members of our species」。至於我們同種的人(即智人)起源的年代，不同學者有不同的看法，差別很大，至今尚無定論，因此作者說其存在於50萬年前不能算錯。——譯注，下同

毫無疑問，恐龍引起了許多人的興趣。它們的生存本身就激起了人們的好奇心，這在某些情況下可以用作一種手段，向相信科學的觀眾介紹令人興奮的科學發現，以及使科學得到更廣泛的應用。正如對鳥類鳴叫的着迷一方面可以引起對物理學上聲音傳播、回聲定位乃至雷達的興趣，另一方面則能激發對語言學和心理學的興趣，對恐龍的關注也有可能開闢通往同樣驚人且異常廣泛的多種學科的新途徑。概述某些這類通向科學的途徑是本書的根本目的之一。

　　古生物學是建立在化石研究基礎上的科學，化石是早於人類文明開始對世界產生可確定影響 —— 亦即一萬多年以前 —— 的年代已死亡的生物體的遺存。這一科學分支代表了我們努力使這些化石恢復生命的嘗試：並不是指真正意義上的使死亡的動物復活（在虛構的《侏羅紀公園》中的方式），而是通過運用科學方法來盡可能充分瞭解這些動物到底是甚麼樣子，以及它們是如何適應當時的環境的。每當一塊動物化石被發現，它便向古生物學家提出了一系列的謎題，與小說中的大偵探夏洛克·福爾摩斯所面對的謎題沒有甚麼兩樣：

　　◆　它活着時屬哪一類動物？

　　◆　它是多久以前死亡的？

　　◆　它是因年老而自然死亡的，還是被殺死的？

　　◆　它是恰好死在被發現的地點並被埋葬在岩石中

的，還是死後從其他地方被搬運到這裏的？

+ 它是雄性還是雌性？

+ 這種動物活着時是甚麼模樣？

+ 它是色彩鮮豔的還是灰暗的？

+ 它行動迅速還是遲緩？

+ 它吃甚麼？

+ 它的視力、嗅覺和聽力如何？

+ 它和生活在今天的動物有甚麼親緣關係嗎？

這些僅僅是可能提出的問題中的幾個例子，但所有的問題都旨在對該動物及其所生活世界的畫面進行逐一重構。我的一個親身經歷是，由於電視系列片《與恐龍同行》裏的虛擬恐龍栩栩如生，簡直令人不可思議，從該片首次播出開始，許多人因紀錄片中的所見所聞而激起了極大的好奇心，並提出這樣的問題：「你怎麼知道它們是那樣行動的？……長那個模樣？……有那樣的行為？」

由並不複雜的觀察和基本常識所引發的問題構成了本書的基礎。就其本身而言，每塊化石的發現都是獨一無二的，它有可能會告訴我們當中那些尋根究底者一些知識，關乎我們作為這個世界的成員所擁有的遺產。然而，我應該對這一說法加以限定，亦即本書將要討論的這一特定類型的遺產是指我們和這個星球上所有其他生物共同分享的自然遺產。根據最新的推測，這份自然遺產延續的時間超過38億年。我將探討

的僅僅是這段漫長時間中很短的一部分：2.25億年前到6,500萬年前這段時間，當時恐龍主宰着地球上的絕大多數生命活動。

第一章
恐龍大觀

　　石化的恐龍遺體（值得注意的例外是它們的直系後裔鳥類 —— 參見第六章）發現於岩石中，這些岩石被確定是屬中生代的。中生代岩石的年代範圍是從245百萬年前到65百萬年前（下文中以縮寫符號Ma代表百萬年前）。由於這些數字太大了，簡直難以想像，為了將恐龍生活的時代置入歷史背景中，較簡單的辦法就是請讀者參考地質年代表（圖4）。

　　在19世紀和20世紀的大部分時間裏，地球的年齡以及構成地球的不同岩石的相對年齡，一直是科學家認真研究的課題。在19世紀早期，人們逐漸認識到（儘管不無爭議），地球上的岩石以及其中包含的化石可以從性質上分為不同的類型。有的岩石似乎不含化石（通常被稱為火成岩，或「基岩」）。位於這些明顯無生命的基岩之上的是四種類型的岩石序列，標誌着地球的四個年代。在19世紀的大部分時間裏，這些年代被命名為原始紀、第二紀、第三紀和第四紀 —— 字面意思就是第一、第二、第三和第四年代。含有古代貝類和簡單的魚形動物遺跡的年代為「原始紀」（現在更普遍稱其為古生

代，字面意義上是指「古代生命」)。古生代之上的岩石序列中含有貝殼、魚和陸生蜥蜴類(或稱「爬蟲」，現在包括兩棲類和爬行類)的組合；這些岩石被粗略地歸入「第二紀」(現在的中生代，「中期的生命」)。中生代之上的岩石中含有的生物與如今的生物更為相似，特別是因為其中包括了哺乳動物和鳥類；這些岩石被命名為「第三紀」(今天亦稱為新生代，「新近的生命」)。最後是「第四紀」(或稱全新世)，它標誌着可辨認的現代植物和動物的出現以及大冰期的影響。

這個基本模式一直很好地經受住了時間的檢驗。所有現代地質年表都仍然承認這些相對粗略但又基本的劃分：古生代、中生代、新生代和全新世。然而，研究化石記錄方法的改進，例如，高分辨率顯微鏡的使用、與生命相關的化學特徵的鑒定，以及放射性同位素技術的應用使岩石的測年更加準確等，使得地球歷史的年代表更加精確。

在本書中我們最關注的地質年代部分是中生代，其中包含了三個地質時期：三疊紀(245–200Ma)、侏羅紀(200–144Ma)和白堊紀(144–65Ma)。注意這些時期的持續時間是完全不同的。地質學家不可能創造一個像節拍器一樣滴答作響的時鐘來測量地球時間的流逝。在過去的兩個世紀中，地質學家通過鑒別特定岩石的類型以及其中的化石組成，從而劃定了各個時期之間的界線，這通常反映在對特定地質時期的命名

上。「三叠紀」這一術語源自三組獨特的岩石類型(稱為里阿斯、瑪姆和道格);「侏羅紀」則來自一組發現於法國侏羅山脈的岩石序列;而「白堊紀」這一名稱的選擇則反映了極厚的白堊層(希臘語中稱作Kreta),例如構成多佛白色懸崖的岩石,以及在整個歐亞大陸和北美廣泛發現的白堊層。

已知被鑒定出來的最早的恐龍發現於阿根廷和馬達加斯加年代為225Ma的岩石中,這是三叠紀即將結束的時候(這一時期被稱為卡尼期)。非常棘手的是,這些最早的化石並不是同一種動物罕見的、個別的標本:即所有後來出現的恐龍的共同祖先之標本。到目前為止,至少識別出了4種、也許是5種不同類型的恐龍:3種是食肉的(始盜龍、黑瑞拉龍和南十字龍);一種是叫做皮薩諾龍的植食者,它的標本很不完整,令人無奈;還有一種是仍未命名的雜食者。顯然可以得出這樣一個結論:它們不是最早的恐龍。在卡尼期無疑存在着各種不同的早期恐龍。這表明,在中三叠世(拉丁期至安尼期)一定有恐龍生存,它們是卡尼期多種恐龍的「父輩」。因此我們知道,關於恐龍起源的故事,無論是時間還是地點,肯定還是不完整的。

為甚麼恐龍化石很罕見

對於讀者來說,很重要的是從一開始就認識到化

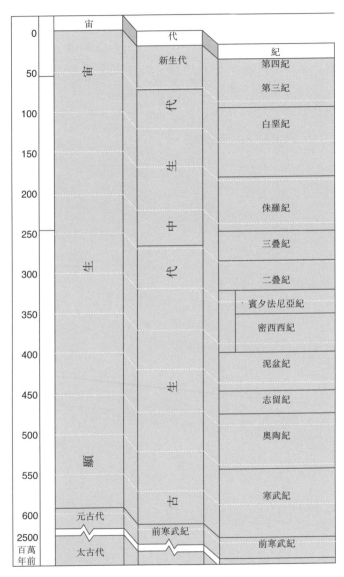

圖4　恐龍在地球上生活的時期在地質年代表中所處位置

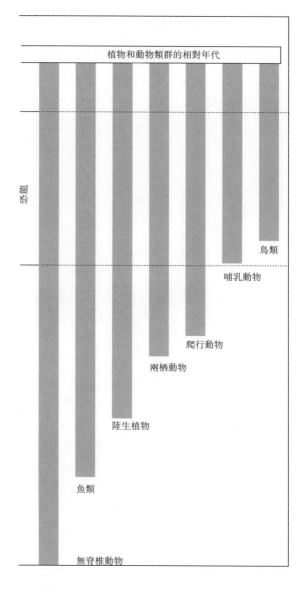

植物和動物類群的相對年代

恐龍

鳥類

哺乳動物

爬行動物

兩栖動物

陸生植物

魚類

無脊椎動物

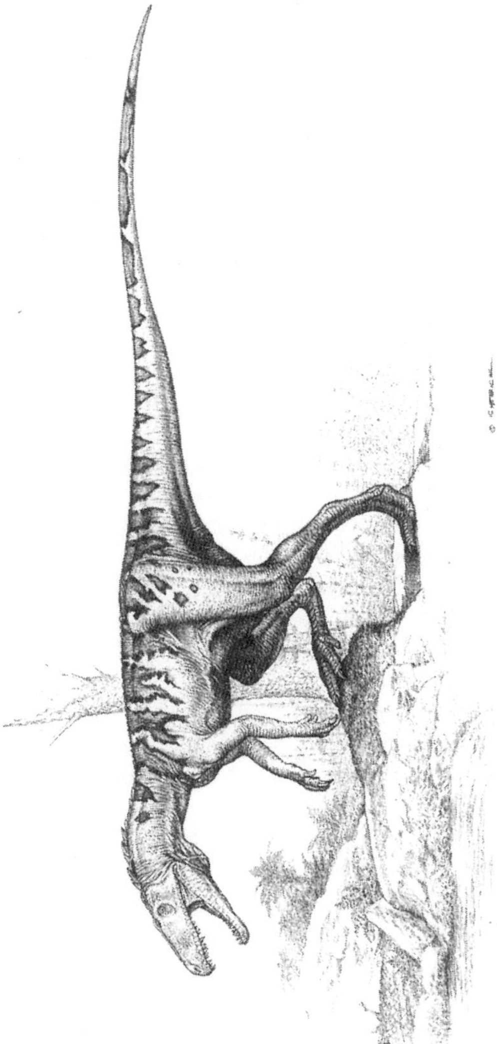

圖5 食肉恐龍黑瑞拉龍

石記錄是不完整的，以及或許更令人煩惱的是，它們註定是零零碎碎的。這種不完整性是由石化過程決定的。恐龍都是生活在陸地上的(陸生)動物，這造成了很多特殊的問題。為了理解這一點，我們有必要首先考慮一下生活在海裏的貝殼類動物的情況，例如牡蠣。在今天牡蠣生活的淺海環境裏，它們變成化石的可能性是相當大的。它們生活或附着在海底，不斷受到小顆粒(沉積物)的「洗禮」，這些小顆粒包括正在腐爛的浮游生物、粉砂或淤泥，以及砂粒。假如一隻牡蠣死亡了，它的軟組織會很快腐爛或被其他動物吃掉，而它的堅硬外殼將會逐漸埋在細細的沉積物之下。一旦被埋藏，隨着它陷入越來越厚的沉積層之下，貝殼就有可能變成化石。經過數千年或數百萬年，埋藏外殼的沉積物逐漸被壓縮，形成了粉砂岩，這些砂岩可能被沉積的碳酸鈣(方解石)或二氧化矽(矽石/燧石)膠結在一起或石化(從字面上講就是變成石頭)，而這些膠結物是由滲入岩石結構的水攜帶進來的。要發現當初的牡蠣化石，原先埋藏很深的岩石需要經由地球運動抬升起來，形成乾燥的陸地，然後經受常規的風化和侵蝕過程。

相反，陸生動物成為化石的可能性就小多了。當然，任何在陸地上死亡的動物的軟組織和肌肉都很可能被吃掉並進入再循環；然而，要使這樣的動物成為化石，它們必須經過某種形式的埋藏。在很少見的情

況下，動物可能被迅速埋在流動的沙丘、泥流或火山灰之下，也有一些因其他災難性事件而被埋藏起來。然而，在大多數情況下，陸生動物的遺體必須被沖進附近的小溪或河流，最終進入湖泊或海底，之後才能開始緩慢埋藏的過程，並逐漸變成化石。從簡單的概率角度來說，任何陸生動物的石化過程都更為漫長，而且往往伴隨着更大的風險。許多在陸地上死亡的動物被吃掉了，它們的遺骨徹底分散開來，這樣即使是它們身體的堅硬部分也進入了生物圈的再循環；另一些動物由於骨骼散落，只有一些破裂的碎片真正走完了最終埋藏的道路，從而給後人留下該動物的驚鴻一瞥，令人無奈；只有在非常罕見的情況下，動物的大部分，甚至是整個骨架才被完整地保存下來。

因此，從邏輯推理的角度來說，恐龍的骨架（如同其他任何陸生動物的骨架那樣）應該是極為罕見的，實際情況也正是如此，儘管有時媒體給人們留下了不同的印象。恐龍的發現以及它們在化石記錄中的面貌也無疑是不完整的，其中的原因顯而易見。正如我們通過上文所認識到的那樣，化石的保存是一個充滿運氣而無法計劃的過程。岩石的露頭[1] 並非像書的頁碼一樣排列整齊，能夠按照層序或按照我們的想像來取樣。從這個意義上來說，化石的發現同樣具有偶然性。

相對脆弱的地球表層（用地質學術語來說，就是地

1　露頭：露出地面的岩層部分。

殼）曾經在千萬年或上億年裏被巨大的地質力量在分離或碰撞大陸板塊時彎曲、撕裂、擠壓。結果，含化石的地質層被打碎、拋升，並且常常被貫穿於整個地質時期的侵蝕過程完全毀滅，以後又被重新沉積，進一步造成了混亂。作為古生物學家，我們所面對的是一個極其複雜的「戰場」，坑坑窪窪、傷痕纍纍，遭受過各種方式的破壞，令人摸不着頭緒。解開這團「亂麻」一直是無數代野外地質學家的工作。他們研究這裏的一個露頭、那裏的一個懸崖剖面，慢慢拼合成大陸的地質結構。因此，現在我們才有可能在世界上的任何一個國家大致準確地識別出中生代的岩石（屬三疊紀、侏羅紀和白堊紀時期）。但是，對於尋找恐龍來說，這些幫助是不夠的。我們還必須撇開在海底沉積的中生代岩石，例如白堊紀極厚的白堊沉積層以及侏羅紀豐富的石灰岩。在那些較淺的濱岸或河口環境沉積着尋找恐龍的最佳岩石類型；這裏有可能埋藏着沖刷到海裏的陸生動物零星的腫脹屍體。但其中最好的是河流和湖泊沉積，這裏的自然環境距離陸生動物的源頭要近得多。

尋找恐龍

首先，我們需要系統地探討尋找恐龍的過程。根據目前我們所瞭解的，首先需要通過查閱我們感興趣

的國家的地質圖來確定在哪裏能找到年齡合適的岩石。同樣重要的是要保證這些岩石的類型至少是有可能保存陸生動物遺跡的；因此，為了預測發現恐龍化石的可能性，尤其是在第一次訪問一個地區的時候，我們需要掌握一些地質學知識。

通常，這包括熟悉將要調查的地區的岩石及其外貌；這與獵人需要潛心研究獵物生活的地域極為相似。另外，還需培養發現化石的「眼力」，這完全來自於尋找且最終認出化石碎片的過程，而這需要花費時間。

發現會帶來令人激動的狂喜，但這時也是最需要發現者謹慎小心的時候。從科學角度來説，因為驕傲的發現者急於將標本挖出來進行炫耀，化石發現常因過於倉促的挖掘而遭到毀壞。這種缺乏耐心的行為可能給化石本身造成巨大的破壞。更為糟糕的是，該標本可能是更大骨架的一部分，這樣的標本由訓練有素的古生物學家組成的更大團隊來仔細發掘要有收穫得多。而且，就像偵探可能會指出的，埋藏化石的岩石除了包含有關標本的實際地質年代這樣較明顯的信息外，還有可能講述有關動物死亡和埋藏環境的重要故事。

化石的尋找和發現既可以是一種激動人心的個人奇遇，同時也是一個技術上令人着迷的過程。然而，發現化石僅僅是科學研究過程的開始，這項研究可能達到瞭解化石動物的生物學特徵和生活方式，以及它曾經生活的世界的目的。就後一個方面來説，古生物

科學表現出與法醫病理學家工作的某些相似之處：它們顯然都對瞭解屍體發現處的周圍環境有着強烈興趣，並且嚴格説來，就是要翻遍每一塊石頭，千方百計地用科學知識來解釋並理解盡可能多的線索。

恐龍的發現：禽龍

一旦發現了化石，就需要對其進行科學研究以揭示它的身份、它與其他已知生物的關係，以及有關它的外形、生物學和生態學等方面更詳細的信息。為了展示所有這些古生物學研究項目必然經歷的艱難困苦，我們將分析一種大家非常熟悉而且研究比較透徹的恐龍：禽龍。選擇這種恐龍，是因為它有趣而又有合適的故事可講——這個故事是我所熟悉的，因為它意外地成為我作為古生物學家的事業起點。意外發現珍奇事物的才能似乎在古生物學中起着重要的作用，並且對於我自己的工作來說，這是千真萬確的。

禽龍的故事貫穿了幾乎整個有關恐龍科學研究的歷史，也貫穿了如今被稱為古生物學的這門科學的整個歷史。因此，這種動物無意中闡明了過去200年間有關恐龍(和古生物學其他領域)科學研究的進展。這個故事還展現了科學家具有的激情和付出的艱辛，以及在學科歷史上不同階段被推崇的理論廣泛而深入的影響。

後來被命名為禽龍的骨骼化石的第一個真正記錄

圖6、7　第一件被收集的禽龍骨骼，由威廉·史密斯1809年在薩塞克斯的庫克菲爾德採集；曼特爾夫婦發現的最初的禽龍牙齒之一。

可以追溯到1809年。這些化石包括採自薩塞克斯的庫克菲爾德一個採石場的無法確定的脊椎碎塊和一個巨大的、很有特點的脛骨(小腿骨)下端(圖6)。這塊特別的化石是由威廉·史密斯(William Smith，他常被稱為「英國地質學之父」)採集的。史密斯當時正在研製第

一張不列顛地質圖，並於1815年完成了這項工作。儘管這些骨骼化石顯然是因為很有意義而被採集和保存起來（它們至今仍被保存在倫敦自然歷史博物館中），但人們沒有對其進行進一步的研究。直到20世紀70年代後期我受邀確定它們的身份時為止，這些骨骼一直被冷落在一旁。

然而，1809年對於這樣的發現來講可以說是恰逢其時。在歐洲，涉及化石及其意義的科學分支取得了一些成果。那個年代最偉大、最有影響力的科學家之一，喬治·居維葉（Georges Cuvier, 1769–1832），是一位在巴黎工作的「博物學家」，同時也是拿破崙皇帝政府中的一位行政官員。在那個時代，「博物學家」是一個寬泛的範疇，指那些研究領域廣泛的哲人科學家，這些領域都與自然界有關：地球、地球上的岩石和礦物、化石以及所有的生物有機體。1808年，居維葉重新描述了採自荷蘭馬斯特里赫特一個白堊礦場的著名巨型爬行動物化石；它之所以著名是因為，它曾經在1795年拿破崙軍隊包圍馬斯特里赫特期間被要求作為戰利品。這個動物最初被誤認為鱷魚，居維葉正確地將其鑒定為巨大的海生蜥蜴（後來被英國傳教士和博物學家威廉·科尼比爾 [William D. Conybeare] 牧師命名為滄龍）。這一新發現揭示了在地球歷史的更早時期生存過一種異常巨大的蜥蜴，影響極為深遠。它鼓舞着人們去尋找和發現其他已絕滅的巨大「蜥蜴」，

毫無疑問地證明了先於《聖經》紀事的「更早的世界」的存在，並且還確定了觀察和解釋這些化石動物的特定方法：將其看作巨型蜥蜴。

在拿破崙戰敗、英法兩國恢復和平以後，居維葉終於得以在1817–1818年訪問英格蘭，並與有着相同興趣的科學家會面。在牛津，有人向他展示了地質學家威廉·巴克蘭(William Buckland)收藏的一些巨大的化石骨骼；這些骨骼似乎屬一種巨大的、但生活在陸地上的、像蜥蜴一樣的動物，它們使居維葉想起了在諾曼底發現的類似骨骼。威廉·巴克蘭最終在1824年將這種動物命名為巨齒龍(科尼比爾提供了少許幫助)。

然而，從這個故事的角度來說，真正重要的發現直到大約1821–1822年才出現，地點是在庫克菲爾德懷特曼綠地附近、威廉·史密斯13年前考察過的那個採石場。這一次，一位居住在劉易斯鎮、精力充沛而又雄心勃勃的醫生 —— 吉迪恩·阿爾傑農·曼特爾(Gideon Algernon Mantell, 1790–1852)，正在用自己的全部業餘時間致力於完成一份有關他的出生地英格蘭南部威爾德地區(這個區域包括薩里郡的大部分、薩塞克斯郡，以及肯特郡的部分地區)地質構造和化石的詳細報告。他的工作最終彙集為一本插圖精美、令人難忘的巨著，於1822年出版。書中包括了對幾個他不能確證的罕見大型爬行動物牙齒和肋骨的清楚描述。這些牙齒中有一些是曼特爾從採石工那裏買來的，而其

他的則是他的妻子瑪麗·安(Mary Ann)收集的。在隨後的三年裏，曼特爾為了鑒定這些巨大的化石牙齒可能隸屬的動物類型而花費了極大的精力。儘管沒有受過比較解剖學(這是居維葉的專攻)訓練，但他懷着瞭解自己手中化石的親緣關係的願望，陸續與英格蘭的許多博學之士建立了聯繫；為了鑒定，他還將一些珍貴的標本送到巴黎的居維葉那裏。最初，曼特爾的發現被當作是全新世動物的碎片(或許是犀牛的門齒或是咀嚼珊瑚的大型硬骨魚類的牙齒)而得不到承認，甚至居維葉也這樣認為。百折不撓的曼特爾繼續研究他的問題，並終於找到了一個合適的答案。在倫敦皇家外科醫學院的藏品中，他見到了一副鬣蜥(iguana)的骨架。鬣蜥是不久前在南美洲發現的植食性蜥蜴。它的牙齒在基本形態上與曼特爾的化石很相似，這使他認識到那些化石屬現生鬣蜥的一個巨大且已經滅絕的植食性近親。1825年，曼特爾就這個新的發現發表了一篇報告，並且為這種化石動物選擇了禽龍(Iguanodon)的名字，這或許並不令人驚訝。按照其字面意義，這個名字的意思是「鬣蜥牙齒」，這也是在科尼比爾的建議下確立的(顯然，科尼比爾所受的古典教育和才能使他在命名許多這樣的早期發現時顯露出了天賦)。

毫不奇怪，根據當時可以利用的比較，這些早期發現證實了一個棲息着罕見的巨大蜥蜴的遠古世界的存在。例如，利用現生(1米長)鬣蜥的細小牙齒與曼特

爾的禽龍牙齒進行一個簡單比例縮放得到了超過25米的體長。由描述禽龍所帶來的興奮和個人名望驅使曼特爾更加努力地去探索有關這種動物以及遠古時期威爾德的化石棲居動物的更多信息。

1825年之後的幾年裏，威爾德只出土了一些化石的碎塊；隨後在1834年，人們在肯特郡梅德斯通的一個採石場發現了一具關節分離的不完整骨架（圖8）。最後有人為曼特爾買下了這件化石，並命名為「曼特爾標本」。它成為曼特爾後期許多工作的靈感來源，並促成了某些最早的恐龍形象的誕生（圖9）。在後來的若干年裏，他繼續鑽研禽龍的解剖學和生物學，但可歎的是，他的許多工作因一個才華橫溢、出身名門、野心勃勃、不講情面的強硬對手——理查德·歐文（1804–1892）（見圖1）的崛起而黯然失色。

恐龍的「發明」

理查德·歐文比曼特爾年輕14歲，也學醫，但特別專注於解剖學。他贏得了著名解剖學家的聲譽，並在倫敦皇家外科醫學院獲得了一個職位，這使得他能夠接觸到大量的對比材料。由於他異乎尋常的勤奮和才能，歐文獲得了「英國的居維葉」的聲譽。在19世紀30年代後期，他說服英國（醫學）協會資助他重新詳細研究所有當時已知的英國爬行動物化石。最終的成

果是一系列配有精美插圖的大開本圖書的出版，這些著作可以與居維葉在19世紀早些時候發表的極為重要的著作(尤其是多卷本的《關於化石骨骸的研究》)相媲美，也進一步鞏固了歐文的學術聲譽。

這個計劃成就了兩本重要的出版物：一本出版於1840年，主要是關於海相化石的(科尼比爾的海龍類)；另一本在 1842年出版，是關於包括曼特爾的禽龍在內的其他化石的。1842年的報告是一份不尋常的文獻，因為歐文創造性地提出了新的「族或亞目……我將其……命名 為……恐龍類」。在這份報告中，歐文確定了三種恐龍：禽龍和叢林龍——兩者皆發現於威爾德地區並由曼特爾命名，以及巨齒龍——藏於牛津的巨型爬行動物。基於幾個詳細而又明顯不同的解剖學觀察結果，他認識到恐龍屬一個獨特且迄今尚未被確立的類群。這些觀察結果包括增大的薦椎(臀部與脊柱之間的一個非常強壯的連接構造)、胸部的雙頭肋骨以及柱狀結構的腿(見圖10)。

在逐一研究了每種恐龍之後，歐文大幅縮減了它們的尺寸；他認為它們很大，但其身長在9–12米之間，而不是像居維葉、曼特爾和巴克蘭在早些時候所認為的更誇張的長度。此外，歐文對這些動物的解剖和生物學進行了進一步的推測，這些推測與現今科學界盛行的對恐龍生物學和生活方式的解釋有着驚人的相似之處。

在報告的結語中，他這樣評論恐龍：

在我們這個地球曾經見證過的卵生[產卵的]冷血動物中，它們擁有最龐大的體型，不論是作為肉食者還是植食者，必定都扮演了最引人注目的角色。（歐文1842：200）

還有：

具有與鱷類相同胸部結構的恐龍可以推斷為擁有四腔心臟……幾乎接近於現今溫血哺乳動物的心臟特徵。（同上：204）

因此，歐文的觀點是，恐龍是一類非常粗壯、但產卵且有鱗的動物（因為它們仍為爬行類），類似於現今地球上熱帶地區生存的最大的哺乳動物。實際上，他所構想的恐龍是那個時代地球上最壯觀的景象，在那個時代，產卵、皮膚有鱗片的爬行動物統治着一切。歐文的恐龍在遠古世界的地位相當於現今的大象、犀牛和河馬的地位。純粹從科學推測的邏輯上講，建立在如此稀少的化石上的這個推斷不僅僅是極其敏銳的，而且其關於遠古動物的見解完全是革命性的。當與「巨型蜥蜴」的模型並置比較的時候，歐文這個激動人心的構想顯得更為引人注目，雖然前者是建立在已獲確認並受人尊重的居維葉比較解剖學原理之上的、完全合理且符合邏輯的解釋。

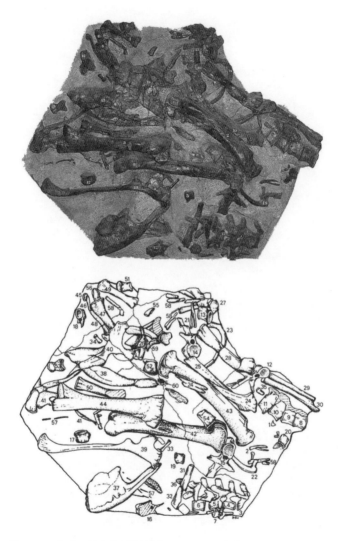

圖8 1834年發現於肯特郡梅德斯通的不完整骨架「曼特爾標本」的照片和素描圖

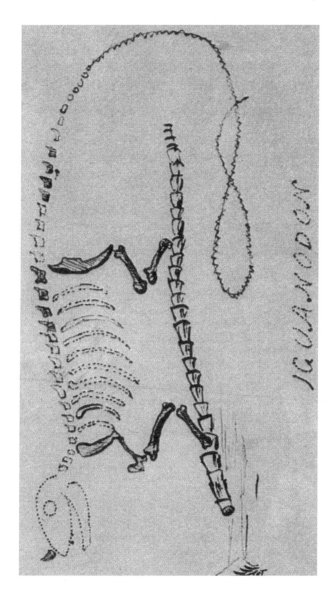

圖9　曼特爾的禽龍復原素描圖（約1834年）

No. 7. Megalosaurus.

圖10　歐文的巨齒龍復原圖（約 1854年）

　　恐龍超目的建立在當時還有其他重要的意義。這些報告也對19世紀前半葉生物學和地質學領域中普遍存在的進化論者和生物演變論者的論調進行了徹底的批駁。進化論者指出，化石記錄似乎表明生命逐漸變得更加複雜：最早的岩石展示了最簡單的生命形式，而更新的岩石則展示了更複雜生物的證據。生物演變論者注意到，同一個種的成員並不完全相同，並思考這種變異性是否也可能使得物種隨着時間而改變。居維葉在巴黎的同事讓‧巴普蒂斯特‧德‧拉馬克（Jean Baptiste de Lamarck）指出，隨着時間的推移，動物物種可以通過獲得性特徵的遺傳而改變形態。這些觀點挑戰了受到廣泛支持並為《聖經》所支持的信仰——上帝創造了地球上的所有生命，從而引起了廣泛而激烈的辯論。

恐龍(實際上還有虔誠信奉上帝的歐文在報告中認可的其他幾個生物類群)證明了地球上生命的複雜性並不隨時間的推移而增加——事實上正好相反。恐龍在解剖學上屬爬行動物(換句話說就是產卵、冷血且有鱗的脊椎動物類群的成員);然而,與歐文提出的曾經生活在中生代的健壯恐龍相比,生活在今天的爬行類是一個退化的動物類群。簡言之,歐文曾試圖扼殺當時激進的、以科學作為驅動力的唯理智論,以重建對生物多樣性的認識。這種認識的基礎與威廉·佩利牧師(Reverend William Paley)在其著作《自然神學》中所表述的觀點更接近,在這本書中,上帝作為自然界所有動物的締造者和設計師佔據了中心舞臺。

19世紀40和50年代,歐文的名望穩步上升,並且參與了與1854年大博覽會移址計劃有關的委員會。相對於歐文迅速上升的聲望來說,一個奇怪的事實是,他並不是作為恐龍造型科學指導的第一人選——吉迪恩·曼特爾才是。曼特爾以身體一直不好為理由拒絕了,這也是因為他對與科學普及工作相關的風險,特別是對並不完善的觀點可能造成曲解的風險過於謹慎之故。

曼特爾的故事以悲劇結束:他對化石和建立私人博物館的着魔使他喪失了其醫生職業,家庭也破裂了(他的妻子離開了他,他倖存的孩子們長到能夠離家的年紀就移居國外了)。他保存了大半生的日記裏滿是憂傷的文字;在生命的最後幾年裏,他孤獨無依,深受背

痛痼疾的折磨，最終他因服用了過量的鴉片酊而逝世。

　　儘管被野心勃勃、才華橫溢，並且關鍵是全職的
科學家歐文的光環所掩蓋，曼特爾在生命的最後十年
裏，大部分時間仍在繼續研究「他的」禽龍。他出版
了一系列的科學論文和深受歡迎的著作，總結了他的
許多新發現。此外，他最早認識到(1851年)歐文將恐
龍(或者說至少是禽龍)想像成強壯的「像大象一樣的
爬行動物」很可能是錯誤的。帶牙齒的下頜骨的進一
步發現，以及對部分骨架(「曼特爾標本」)的進一步
分析顯示，禽龍具有強壯的後腿和較弱小的前肢。因
此，他得出結論，它的姿態可能更類似於「直立」的
巨型地懶(似乎很矛盾的是，曼特爾的靈感來自於歐文

圖11　路易斯·道羅

對地懶化石磨齒獸屬的詳細描述）。遺憾的是，這一工作被忽略了，很大程度上是由於歐文的水晶宮恐龍模型引起了人們的興趣和關注。又過了30年，曼特爾懷疑的真實性以及他的智慧才通過另一件偶然發現的驚人標本顯露出來。

復原禽龍

1878年，比利時貝尼薩爾一個小村莊中的煤礦有了驚人的發現。礦工們在地下300多米深的煤層中挖掘時，突然打到了一層葉岩（軟的薄層狀黏土），隨後發現了看起來像是大塊木化石的東西；人們迫不及待地採集這些東西，因為裏面似乎滿是金子！經過更仔細的檢查，發現那些木頭原來是骨化石，而金子則是「愚人金」（黃鐵礦）。在骨化石中還發現了少許牙齒化石，經鑒定，它們與曼特爾在多年前描述的屬禽龍的牙齒非常相似。礦工們並沒有意外發現金子，而是發現了一個名副其實的寶藏——完整的恐龍骨架。

在接下來的5年裏，一隊來自布魯塞爾比利時皇家自然歷史博物館（現在的皇家自然科學研究所）的礦工和科學家發掘出將近40具禽龍的骨架，以及保存在同一葉岩層的大量其他動植物化石。許多恐龍的骨架是完整的，而且完全以關節相連；它們代表了當時世界上最激動人心的發現。布魯塞爾的一位年輕科學家路

圖12　禽龍骨架的素描圖

易斯‧道羅(Louis Dollo, 1857–1931)因此交了好運，他得以研究並描述這些非凡的寶藏。從 1882年開始，直到20世紀20年代退休，他一直從事這項工作。

　　在貝尼薩爾發現的完整恐龍骨架最終證明了歐文的恐龍模型，例如他的禽龍模型，是不正確的。正如曼特爾所懷疑的那樣，它的前肢不如後肢那樣大而強壯，而且該動物有一條巨大的尾巴(見圖12)，總的比例與大袋鼠相似。

　　骨架的復原以及復原的過程特別具有啟迪性，因為它們顯示了當時關於恐龍外貌和親緣關係的解釋是如何影響了道羅的工作。歐文對恐龍「像大象一樣的

爬行動物」的想像早在 1859年就因發現於新澤西州的一些不完整的恐龍而受到了質疑，這些恐龍化石是由約瑟夫・利迪(Joseph Leidy)進行研究的。利迪的學術地位與歐文相當，他的研究基地是費城自然科學院。然而，歐文還將受到一位來自倫敦、更加年輕且雄心勃勃的競爭者的全面批評，他就是托馬斯・亨利・赫胥黎(Thomas Henry Huxley, 1825–1895)。

到了19世紀60年代晚期，人們有了一系列新的發現，從而為恐龍與其他動物親緣關係的爭論增添了大量新的證據。最早的保存完好的鳥類化石(叫做始祖鳥，意為「遠古的翅膀」)發現於德國(圖13)。它最終被倫敦自然歷史博物館從私人收藏家手裏買下，理查德・歐文於1863年對其進行了描述。這件標本的奇特之處在於，它具有保存完好的羽毛印痕，這是所有鳥類最重要的鑒定特徵，這些羽毛在基岩中像光環一樣圍繞着骨架；然而，令人相當費解的是，它有着不同於任何現生鳥類、卻與現代爬行動物相似的特點，即它的每隻手上有3根很長的手指，末端有鋒利的爪子，上下頜長有牙齒，還有一條很長的骨質尾巴(某些現生鳥類或許看起來長有長尾，但這其實只是它們附着在很短的尾巴殘跡上的長羽毛的外形輪廓)。

發現始祖鳥之後不久，在德國的同一個採石場中又出土了另一件小的、保存完好的骨架(圖14)。它沒有羽毛印痕，前肢非常短，無論如何都無法作為翅膀

使用；從解剖學上看，它顯然是一隻小型的食肉恐龍，被命名為美頜龍（「漂亮的頜骨」）。

從科學的角度來說，這兩個發現出現在一個特別敏感的時期。1859年，僅僅在發現第一件始祖鳥骨架之前大約一年，查爾斯・達爾文（Charles Darwin）發表了題為《物種起源》的著作。這本書非常詳細地論述了支持早先的生物演變論者和進化論者觀點的證據。最重要的是，達爾文提出了一個這種演變有可能發生的機制——自然選擇，以及新的物種如何在地球上出現。這本書在當時引起了轟動，因為它向幾乎被普遍接受的《聖經》教義的權威發起了直接挑戰，提出上帝並沒有直接創造世界上已知的所有物種。達爾文的觀點遭到了諸如理查德・歐文等虔誠的權威人士的強烈反對。相反，激進的知識分子對達爾文觀點的反應則非常積極。據稱托馬斯・赫胥黎在讀了達爾文的著作以後歎道，「我以前怎麼沒有想到這些，真是愚蠢啊！」

儘管本書不想過多地牽涉達爾文的問題，但有關恐龍的發現確實在一些爭論中起到了重要的作用。赫胥黎很快就認識到，始祖鳥和小型食肉恐龍美頜龍在解剖學上非常相似。在19世紀70年代早期，赫胥黎不僅提出鳥類和恐龍在解剖學上相似，而且利用這一證據得出了鳥類是從恐龍進化而來的理論。從許多方面來說，這為在比利時的發現鋪平了道路。到了19世紀70年代晚期，路易斯・道羅作為一個才華橫溢的年輕

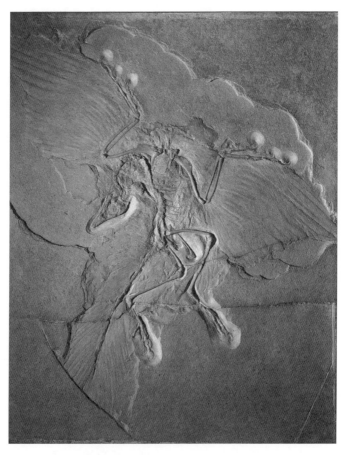

圖13　一件保存完好的始祖鳥標本，發現於 1876年（長約 40 厘米）

學生，應該已經完全意識到了歐文－赫胥黎/達爾文之爭。一個亟待解決的問題必定是：這些新的發現與當時的科學大爭論有甚麼關係嗎？

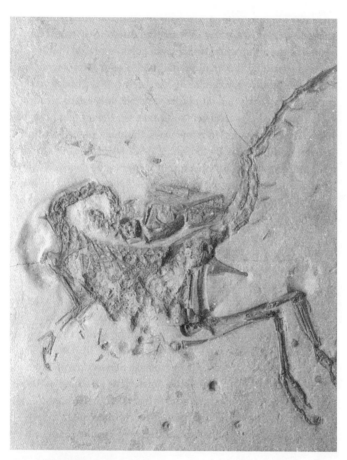

圖14　美頜龍骨架(長約 70 厘米)

　　對禽龍完整骨架進行的詳細解剖學研究顯示，它
具有被稱為鳥臀目(「像鳥的臀部一樣」)的髖部結
構；此外，它後腿較長，末端長有巨大的、但明顯像

圖15　1878年布魯塞爾自然歷史博物館中正在被復原的禽龍。注意旁邊
用作比較的鶴鴕和小袋鼠的骨架。

鳥類一樣的三趾腳(在形態上與一些已知最大的陸生鳥類諸如鴯鶓等的腳非常相似)。這種恐龍還有着與鳥類極為相似的彎曲頸部，上下頜的前端沒有牙齒，而且還覆蓋着像鳥類一樣的角質喙。鑒於在這些激動人心的發現之後道羅所面對的描述和解釋的任務，值得注意的一點是，在布魯塞爾第一具骨架被復原時所拍攝的早期照片中，就在巨大的恐龍骨架旁邊，可以看到兩種澳大利亞動物的骨架：一種是小袋鼠(袋鼠中體型較小的一個種類)，還有一種是叫做鶴鴕的不會飛的大型鳥類。

在英國颳起的爭論風暴的影響是毋庸置疑的。這一新發現顯示，赫胥黎的論點無疑是符合實際情況的，而且還清楚地表明，曼特爾在1851年的想法是正確的。禽龍並不像1854年歐文在他的宏偉模型中所描繪的那樣，類似於笨重的、長有鱗片的犀牛；它身型巨大，其姿態更像一隻正在休息的袋鼠，只不過它還具有許多類似鳥類的特徵，正如赫胥黎的理論所預言的那樣。

道羅證明了他在研究自己所描述的化石動物時具有永不衰竭的創造力 —— 他解剖了鱷魚和鳥類，以便更好地瞭解這些動物的生物學特徵和詳細的肌肉組織，以及如何利用它們來確定恐龍的軟組織。在許多方面，他是在採用法醫式的方法來瞭解這些神秘的化石。道羅被認為是古生物學(Palaeontology)一個新流派

(Palaeobiology)[2] 的創立者。道羅認為,古生物學應該擴大範圍,從生物學——即生態學和行為學——的角度研究這些已絕滅動物。他對禽龍故事的最後貢獻是一篇發表於1923年、紀念曼特爾最初發現100周年的文章。他簡要總結了自己對這種恐龍的看法,認為它的生態與長頸鹿相當(或者說,確實是曼特爾所說的大地懶)。道羅推斷,它的姿態使它能夠伸到高處的樹上以採集樹葉,然後用肌肉發達的長舌頭將食物捲入口中;鋒利的喙用來咬下堅韌的葉柄,而其特有的牙齒則使它能夠在咽下之前嚼碎食物。這一權威解釋得到了非常堅決的採納,由於它基於一系列完全以關節相連的完整骨架,因而在隨後的60年中,無論從哪個方面來說,它始終都沒有受到挑戰。在20世紀早期,複製並安裝好的禽龍骨架從布魯塞爾散佈到世界各地的許多大博物館,從而增強了道羅解釋的權威性,有關該學科的許多流行的和頗有影響的教科書也進一步鞏固了這一點。

恐龍古生物學研究的衰落

　　似乎矛盾的是,道羅在恐龍研究中堪稱巔峰的卓

2　原文的兩個詞 Palaeontology 和 Palaeobiology 在全國科學技術名詞審定委員會公佈的《古生物學名詞》中都被譯為「古生物學」。具體說來,後者是前者的一個新流派,側重於研究化石生物的生物學特徵。為符合國內業界的慣例譯法,本文未對這兩個詞進行區分。

越工作，以及他在20世紀20年代作為新的古生物學流派之「父」得到國際公認的聲望，卻標誌着這一研究領域的實用意義開始在更大的自然科學舞臺上急劇衰減。

在20世紀20年代中期到20世紀60年代中期這段時間裏，古生物學，尤其是恐龍的研究，出人意料地停滯了下來。繼那些令人激動的早期發現，尤其是在歐洲的那些發現之後，是更加引人注目的「骨化石戰爭」，它在19世紀的最後30年裏席捲美國。這集中體現在激烈的 —— 有時甚至是狂暴的 —— 發現和命名新恐龍的競爭上，其特點相當於學術界的「蠻荒西部」。這場競爭的核心人物是愛德華·德林克·科普(Edward Drinker Cope，他是儒雅謙遜的利迪教授的門徒)和他的「對手」、耶魯大學的奧思尼爾·查爾斯·馬什(Othniel Charles Marsh)。他們雇用成群的暴徒冒險進入美國中西部地區，盡可能多地採集新的恐龍骨骼。這場「戰爭」的結果是科學出版物的瘋狂發表，這些文章命名了大量新的恐龍，其中有許多名字在今天仍能引起反響，例如雷龍、劍龍、三角龍和梁龍。

在20世紀早期，歐美之外的一些地方也有引人注目的發現，部分原因也是出於偶然，例如紐約的美國自然歷史博物館的羅伊·查普曼·安德魯斯(Roy Chapman Andrews，現實生活中的英雄和探險家，是神話般的「印第安納·瓊斯」的原型)在蒙古的發現；以及柏林自然歷史博物館的沃納·詹尼斯(Werner

Janensch) 在德屬東非 (坦桑尼亞) 的發現。

更多新的恐龍不斷在世界各地被發現並命名；儘管它們成為了博物館引人注目的中心展品，但古生物學家們除了在已絕滅動物的花名冊上增添新的名字以外，似乎甚麼都沒做。失敗感達到了空前的程度，以至於一些人甚至用恐龍作為基於「種族衰退」的絕滅理論的例子。總的論點是，它們已經活得太久了，因而它們的基因組成完全衰竭，不再有能力產生該類群作為一個整體生存所必需的新特質。它支持了這樣一種觀點：恐龍僅僅是動物構造和進化過程中的一次試驗，並最終與地球擦肩而過。

毫不奇怪，許多生物學家和理論家開始越來越帶有偏見地看待這個研究領域。新的發現儘管令人興奮，這一點無可否認，但似乎沒能提供可以導向任何特定方向的資料。這些發現需要借助既定的科學程序來對這些動物進行描述和命名，但除此之外，其他所有的興趣似乎基本上都集中於博物館學：說得殘酷一點，當時這項工作被看成相當於「集郵」。恐龍，以及許多其他化石的發現，為人們提供了化石記錄中豐富多彩的生命畫卷的一瞥，但除此以外，它們的科學價值似乎令人懷疑。

幾個因素證明了這種觀念轉變的合理性：格雷戈爾・孟德爾 (Gregor Mendel) 有關顆粒遺傳規律 (遺傳學) 的著作 (發表於1866年，但在1900年以前一直被忽

視）為達爾文自然選擇的進化理論提供了至關重要的支持機制。在20世紀30年代，孟德爾的成果與達爾文的理論完美地結合在一起，產生了「新達爾文主義」。孟德爾的遺傳學一下就解決了達爾文對自己理論最主要的困擾之一：有利的特徵（即孟德爾新術語中的遺傳基因或等位基因）如何能夠一代代地傳遞下去。在19世紀中葉，人們對遺傳機制不甚瞭解，達爾文曾假定，特徵或性狀——根據他的理論，就是受到選擇的特徵——在遺傳給下一代的時候被混合了。然而，這是一個致命的缺陷，因為達爾文意識到，任何有利的性狀如果在一代代繁殖的過程中被混合，就自然會被稀釋而不復存在。新達爾文主義極大地澄清了事情的真相，孟德爾的遺傳學使該理論具備了某種數學上的嚴謹，而且這一恢復活力的學科迅速催生了新的研究方法。它導致了新的遺傳科學和分子生物學的興起，而1953年克里克（Crick）和沃森（Watson）的DNA模型，以及行為進化和進化生態學領域的極大發展更是使其達到了頂峰。

遺憾的是，這片豐饒的知識沃土並沒有為古生物學家帶來明顯的益處。人們無法研究化石動物的遺傳機制，這是不言而喻的，因此，在20世紀餘下的大部分時間裏，它們似乎沒有給進化研究的學術突破提供實質性的證據。達爾文已經預見到古生物學在他的新理論範疇中的局限性。他運用自己無與倫比的推理認

識到，對於有關他的新進化理論的任何爭論來說，化石的貢獻都是有限的。在《物種起源》專門論述「化石記錄的不完整性」這一主題的章節中，達爾文指出，儘管化石提供了地球上生物歷史進程中進化的實物證據（回到以前進化論者的論點），但可惜的是，岩石在地質時期的連續性以及其中所包含的化石記錄都是不完整的。達爾文將地質記錄比作一本描繪地球生命歷史的書籍，他寫道：

> ……在這一卷中，只有這裏或那裏的一個很短的章節被保存下來；在每一頁上，也只有這裏或那裏的少許幾行。（達爾文，1882，第6版：318）

恐龍古生物學新流派：一個新的開始

直到20世紀60年代和70年代早期，化石的研究才開始復興，成為引起人們更廣泛和更普遍興趣的學科。推動這一復興的是一代富有進化思想的更年輕的科學家。他們渴望證明，來自化石記錄的證據絕非達爾文所說的是「看不懂的天書」。支持這項新工作的前提是，進化生物學家顯然被限制在以二維世界為主的範圍內與現生動物打交道——他們可以研究物種，但不能親眼目睹新種的出現——相反，古生物學家的工作是在包含時間的三維空間裏。化石記錄提供了可

使新物種出現、老物種絕滅的足夠時間。這使得古生物學家可以提出與進化相關的問題：地質年代表是否提供了更多的(或者說不同的)有關進化過程的觀點？此外，化石記錄是否提供了足夠的信息，對它的分解能否揭示某些進化的秘密？

詳細的地質調查開始展現豐富而連續的化石記錄(特別是貝殼類海洋動物)——比查爾斯·達爾文曾經想像的要豐富得多，因為在他所處的19世紀中葉，古生物學研究工作還處在相對初期的階段。這項工作產生的觀察結果和理論，向生物學家有關地質年代中長期的生物進化模式的觀點提出了挑戰。達爾文的理論所無法預見的、突然的、大規模全球性絕滅事件和動物群復蘇時期被記錄下來。這些事件似乎頃刻間重新調整了生物進化的時間表，這也促使一些理論家對地球上的生命歷史採取更傾向於「片斷式」或「偶然」的觀點。歷史上全球動物群多樣性的大規模變化，或者說宏觀進化，似乎是可以證明的；這在達爾文的理論中也沒有預見到，也需要進行解釋。

然而，最值得注意的是，奈爾斯·埃爾德雷奇(Niles Eldredge)和斯蒂芬·傑伊·古爾德提出了「間斷平衡」理論。他們指出，進化理論的現代生物學解釋需要擴展或修改，以適應在化石記錄中反復出現的物種變化模式。這些模式由長期的平靜(「平衡期」)和與其相對的短時間裏的快速變化(「間斷」)所組

成。在平衡期，可觀察到的物種變化幅度相對較小。這些看法與達爾文的預測並不一致，後者認為隨着時間的推移，物種的面貌發生緩慢而逐漸的變化（被稱為「漸進演化論」）。這些觀點還促使古生物學家對自然選擇在何種水平上可能發揮作用提出質疑：或許某些情況下它能夠在個體水平之上起作用？

結果是，整個古生物學領域變得更有活力、更引人探尋，而且視野更開闊；人們還準備將這個領域的工作與其他科學領域更廣泛地結合在一起。甚至非常有影響的進化生物學家，例如幾乎從不和化石打交道的約翰·梅納德·史密斯（John Maynard Smith），也承認古生物學家對該領域作出了有價值的貢獻。

在古生物科學這個綜合領域重新建立自己威信的同時，20世紀60年代中期也是產生重要的恐龍新發現的時期；這些事件註定激發出直到今天仍然重要的觀點。這場復興運動的核心是耶魯大學的皮博迪博物館，這也是「化石戰士」奧思尼爾·查爾斯·馬什最初工作的地方。但此時的復興運動是一個叫做約翰·奧斯特羅姆（John Ostrom）的人引領的，他是一位年輕的古生物學教授，對恐龍懷有濃厚的興趣。

第二章
恐龍復興

「恐怖的爪子」的發現

　　1964年夏天，約翰·奧斯特羅姆正在蒙大拿州布里傑附近的白堊紀岩石中勘探化石時，採集到一種與眾不同的新型食肉恐龍的破碎遺骸。進一步的工作採集到了更加完整的化石。到了1969年，奧斯特羅姆已經可以詳細地描述這一新恐龍，並將其命名為恐爪龍（「恐怖的爪子」），這是因為它的後腿上長有像大魚叉一樣可怕的鉤狀爪子。

　　恐爪龍（圖16）是一類中等大小（2-3米長）的食肉恐龍，屬被稱為獸腳亞目的類群。奧斯特羅姆注意到若干異乎尋常的解剖學特徵；這從知識上為一場革命奠定了基礎，這場革命將打破當時受到堅定支持的觀點，即恐龍是古老、過時的動物，在中生代結束的時候拖着緩慢而沉重的腳步走向絕滅。

　　然而，奧斯特羅姆對瞭解這種謎一般的動物的生物學特徵更感興趣，而不僅僅是羅列它的骨骼特徵。這種研究途徑大異於以前人們對古生物學「集郵」的

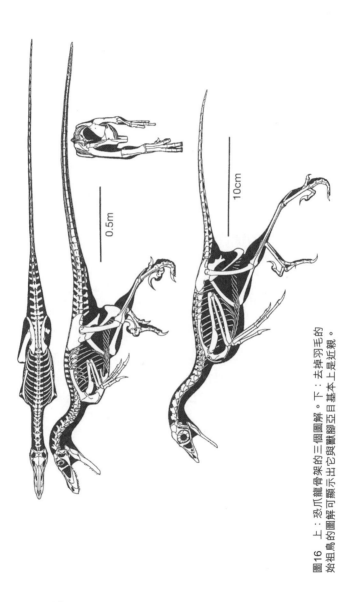

圖16 上：恐爪龍骨架的三個圖解。下：去掉羽毛的
始祖鳥的圖解可顯示出它與鴕鳥腳亞目基本上是近親。

輕蔑形容,而與路易斯‧道羅試圖瞭解第一具完整禽龍骨架(第一章)的生物學特徵的早期方法相呼應。作為一種研究途徑,它與現代的法醫病理學有着更多的相同之處,因為它是在可獲得的證據的基礎上,將來自若干不同科學領域的、範圍廣闊的研究結果彙集在一起,以便得出縝密的解釋或假說;這是當今古生物學背後的幾個驅動力之一。

恐爪龍的特徵

1. 該動物明顯是雙足行走的(僅用兩條後腿奔跑),具有細長的腿。

2. 它雙腳的奇特之處在於,在每隻腳上的三個大腳趾中,只有兩個腳趾的結構適於行走,內側的腳趾抬離地面並「翹起」,好像在準備戰鬥(有點像貓腳上可伸縮的鋒利爪子的放大版本)。

3. 該動物身體的前部由臀部的一條長尾巴保持平衡;但它的尾巴並不像人們通常所認為這類動物應該具有的那種厚重而肌肉發達的類型,而是在靠近臀部的地方靈活而有力,其餘部分則變得很窄(幾乎呈杆狀),緊密排列的細骨棒使其變得僵硬。

4. 胸部短而緊湊,長有很長的前臂,其末端是帶鋒利爪子(如猛禽類)的長有三指的手,能在腕關節處轉動,使得手臂能夠像耙子一樣呈弧形旋轉(就像正在捕食的螳螂的手臂一樣)。

5. 頸部細長、彎曲(很像鵝的脖子),但它支撐着一個很大的腦袋,上面長有伸長的頜骨,上下頜排列着鋒利、彎曲、邊緣呈鋸齒狀的牙齒;很大的眼窩似乎是朝前的;腦顱比預想的要大得多。

推測恐爪龍的生物學和自然歷史特徵

　　讓我們來看一看運用這種「法醫式」分析方法，恐爪龍的這些特徵能告訴我們哪些有關該動物及其生活方式的信息呢？

　　頜骨和牙齒(鋒利、邊緣彎曲、帶鋸齒)證明它是食肉動物，能夠撕開並咽下獵物。眼睛很大，向前，應該能夠提供某種程度的立體視覺，這對精確判斷距離來說是很理想的：既非常有益於在三維空間裏監視運動的物體，也有益於抓捕快速移動的獵物。這至少可以部分解釋該動物相對較大的大腦(大的腦顱意味着大的大腦)：為了處理大量複雜的視覺信息，視神經葉必須很大，這樣該動物才能反應敏捷；大腦的運動神經區必須很大、很複雜，才能執行高級大腦指令，然後協調身體肌肉的快速反應。

　　考慮到它的腿部較輕而纖細，就更強調需要一個複雜的大腦，這與現代快速移動的動物相似，表明恐爪龍是一個短跑健將。狹窄的雙腳(僅用兩個腳趾行走，而不是更穩定、更常見的三個腳趾的「三腳架」效果)表明，它的平衡感覺一定發育得特別好；下列事實進一步支持了這一點：該動物是雙足的，當它僅用兩腳保持平衡的時候，顯然能夠行走(這種本領就像蹣跚學步的孩子每天所體驗的那樣，需要通過大腦和肌肉骨骼系統之間的反饋來學習並完善)。

與這個平衡和協調問題相關的是，每隻腳上的「恐怖的爪子」顯然還是進攻的武器，是該動物捕食生活方式的證據。但確切地說，它是如何使用的呢？人們可以立即想到兩種可能性：其一是它可以每次用一隻腳猛踢獵物，就像現在的一些大型地棲鳥類，例如鴕鳥和鶴鴕那樣（這意味着它可以不時地用一隻腳保持平衡）；其二是它可以用雙腳踢打來攻擊獵物，撲向獵物或將其抓在手中，給予致命的「雙重踢打」——這種方式是袋鼠在攻擊對手時所使用的。我們未必能夠確定哪種推測更接近真實的情況。

長的前臂和帶有利爪的手是有效的抓握工具，在兩種捕食獵物的情景中都可以抓住並撕開獵物，腕關節使它的手能夠像耙子一樣奇特地活動，這極大地提高了它們的捕食能力。此外，鞭狀的長尾巴可能起着懸臂的作用——相當於走鋼絲的人手裏的長桿，在它用一隻腳踢打的時候幫助平衡身體——或者它也可能作為動態穩定器，在恐爪龍追趕能夠迅速改變方向的快速奔跑獵物或撲向獵物的時候發揮平衡作用。

儘管這並不是對恐爪龍作為活的動物的詳盡分析，但它的確概述了奧斯特羅姆的某些推理，這些推理使得奧斯特羅姆斷定，恐爪龍是一種適於運動、有着驚人的協調性，並且智力水平很可能較高的捕食性恐龍。為甚麼人們會認為這種動物的發現對於恐龍古生物學領域來說非常重要呢？要回答這個問題，就必

須將恐龍作為一個整體來加以更全面的考察。

關於恐龍的傳統觀點

在整個20世紀早期，人們普遍（而且非常合理地）認為，恐龍是一個已絕滅的爬行動物類群。不可否認，與現代爬行動物相比，有些恐龍大得令人吃驚，或樣貌相當奇怪，但關鍵在於，它們仍然是爬行動物。理查德·歐文（以及他之前的喬治·居維葉）確認，恐龍在解剖學上與現生爬行類最相似，例如蜥蜴和鱷魚等動物。在此基礎上，人們從邏輯上推斷，它們的大部分生物學特徵與這些現生爬行動物即使不是完全相同的，也應該是相似的：它們產帶殼的卵，皮膚上有鱗，從生理學角度來說是「冷血的」或外溫的動物。

似乎很多證據表明這個觀點是正確的，羅伊·查普曼·安德魯斯發現，蒙古的恐龍產帶殼的卵，路易斯·道羅（還有其他人）鑒定出它們有鱗的皮膚印痕；因此可以預期它們總的生理學特徵應該與現生爬行動物相似。將這些特徵結合在一起，就產生了對恐龍完全符合慣例的看法：它們是大型、有鱗，但最重要的是智力遲鈍、行動遲緩的動物。它們的習性被認為與蜥蜴、蛇和鱷魚的習性相似，而這些動物本身大多數生物學家也只是在動物園裏見到過。只有一個令人迷

惑不解的問題是，大部分恐龍的身體即使是與已知最大的鱷魚比起來都要大得多。

科普書籍和科學著作中都有許多對恐龍的描繪，它們在沼澤中打滾，或蹲伏着，彷彿幾乎不能支撐自己龐大的身軀。一些特別令人難忘的例子，譬如 O. C. 馬什的劍龍和雷龍，也強化了這些觀念。這兩類恐龍都具有龐大的身體和最小的大腦(甚至馬什在評論中都不敢相信他的劍龍的腦腔「大小像胡桃一樣」)。劍龍的腦力是如此缺乏，以至於人們認為有必要在它的臀部創造一個「第二腦」，起到某種備份或中繼站的作用，接收身體遠端的信息，這就不容置疑地確認了恐龍「愚蠢」、「低下」的地位。

儘管相對證據的分量無疑支持這種對恐龍的特定觀念，但它忽視了，或者簡直就是掩飾了與之相矛盾的觀察：已知的許多恐龍，例如較小的美頜龍(圖14)，身體結構較輕，適於快速移動。這意味着它們的活動水平應該與爬行動物截然不同。

考慮到這一連串流行觀點的存在以及奧斯特羅姆基於恐爪龍的觀察和解釋，我們就更能想像得到這種動物一定給他的思想帶來了莫大的挑戰。恐爪龍的大腦相對較大，是移動迅速的捕食者，能用後腿快速奔跑並攻擊獵物 —— 常識告訴我們它不是普通的爬行動物。

奧斯特羅姆的一個學生羅伯特‧巴克(Robert Bakker)將這項研究繼續進行下去，他大膽挑戰了恐龍

是遲緩、愚蠢的動物的觀點。巴克認為，有令人信服的證據證明恐龍與今天的哺乳動物和鳥類更為相似。不要忘記，這一主張與1842年理查德·歐文令人難以置信但頗具遠見的評論相呼應，當時歐文是第一次考慮恐龍的概念。哺乳動物和鳥類被認為很「特殊」，因為它們能夠保持較高的活動水平，而這歸因於它們「溫血」，或者說內溫的生理機能。現生的內溫動物保持着較高而且恒定的體溫，具有高效率的肺，以保持穩定持久的有氧活動水平，無論周圍的溫度如何，它們都是高度活躍的，並且能夠維持大而複雜的大腦；所有這些特徵將鳥類和哺乳動物與地球上的其他脊椎動物區分開來。

如果從我們現在略微經過「調諧」的古生物學觀點來考慮，巴克所使用的證據範圍是很有趣的。他利用奧斯特羅姆所作的解剖學觀察，提出了與他之前的歐文相一致的主張：

1. 恐龍在其軀幹之下長有像柱子一樣的腿（像哺乳動物和鳥類一樣），而不是像我們看到的蜥蜴和鱷魚那樣，腿向身體兩側伸展。

2. 某些恐龍具有像鳥類一樣複雜的肺，這使它們能夠更有效地呼吸 —— 就像精力非常旺盛的動物所必須的那樣。

3. 根據四肢的比例，恐龍可以飛快地奔跑（不同於蜥蜴和鱷魚）。

然而，通過借用組織學、病理學方法和顯微鏡，巴克在報告中陳述，在顯微鏡下觀察恐龍的骨骼薄片，可以看到複雜的結構和豐富的血液供應的證據，這使得維持生命所必需的礦物質可以在骨骼和血漿之間快速周轉——這一點與現代哺乳動物完全相同。

　　巴克又轉向生態學領域，分析了化石樣品中捕食動物及其假定獵物的相對豐度，這些樣品代表了來自化石記錄和現代的按時間平均劃分的群落。通過比較現代內溫動物(貓)和外溫動物(捕食性蜥蜴)群落，他估計，在相同的時間間隔裏，內溫動物平均消耗的獵物量是外溫動物的10倍。當他考察古老的(二疊紀)群落時，通過計算博物館中收藏的這個時期的化石，他觀察到可能的捕食者和獵物的數量大致相當。當檢驗白堊紀時期的一些恐龍群落時，他注意到，與捕食動物的數量相比，可能的獵物的數量要大得多。在研究了第三紀哺乳動物群落之後他得出了相似的結論。

　　利用這些相當簡單的替代研究，他提出，恐龍(或至少是食肉恐龍)一定具有與哺乳動物更相似的代謝需要；為了使群落達到某種程度的平衡，就需要有足夠的獵物來維持捕食動物的需求。

　　他也在地質學和「新的」古生物學領域尋找來自化石記錄的宏觀進化證據(化石豐度大規模的變化模式)。巴克考察了恐龍起源和絕滅的時間，以尋求可能與人們所推定的恐龍的生理機能有關的證據。恐龍

起源的時間，即三疊紀晚期（225Ma），與某些最類似哺乳類的動物的進化時間相吻合，真正的哺乳動物最早出現的時間大約為200Ma。巴克指出，恐龍之所以發展成為一個成功的類群，就是因為它們比哺乳動物略早發育了內溫的代謝作用。他認為，如果不是這樣，恐龍將永遠無法與最早的真正內溫哺乳動物相抗衡。在進一步為這一觀點尋求支持的過程中，他注意到，在整個中生代，恐龍統治着陸地，早期的真正哺乳動物都很小，可能是在夜間活動的食蟲動物和食腐動物，只有當恐龍在白堊紀末走向絕滅的時候，這些哺乳動物才開始演化出我們今天所知道的令人眼花繚亂的多樣種類。在此基礎上，巴克指出，恐龍必須是內溫動物，否則所謂「更高級的」內溫哺乳動物必定會在侏羅紀早期征服陸地，取代恐龍。此外，當巴克考慮到恐龍在白堊紀末（65Ma）絕滅的時間之時，他相信，有證據證明地球曾經歷了一個短暫的全球性溫度下降的時期。在他看來，由於恐龍體型很大、具內溫性，而且「裸露」（也就是說，它們身上覆蓋着鱗片，既沒有毛髮也沒有羽毛來為身體保暖），在氣候快速變冷的時期無法存活下來，因而走向了絕滅。剩下的哺乳動物和鳥類則活到了今天。恐龍太大了，無法像顯然從白堊紀的大災難中倖存下來的現代爬行動物那樣在洞穴中躲避寒冷的天氣。

將這一連串的論證結合起來，巴克提出，恐龍遠

非緩慢而遲鈍，它們是有智慧而且高度活躍的動物，在中生代餘下的1.6億年裏從傳統上被認為是更高級的哺乳動物那裏竊取了世界的統治權。它們不是因為高級哺乳動物的進化崛起而被逐出了地球，而僅僅是因為6,500萬年前某個異常的氣候事件而放棄了它們的統治權。

現在應該很清楚了，古生物學的研究過程是建立在相當廣泛的知識基礎之上的。「專家」再也不能只依賴他或她自己狹窄領域裏的專門知識。然而，故事的這部分到這裏並沒有結束。約翰·奧斯特羅姆在這個傳奇中還扮演了另一個重要角色。

奧斯特羅姆和始祖鳥：最早的鳥類

在描述了恐爪龍以後，奧斯特羅姆繼續研究恐龍的生物學特徵。在20世紀70年代早期，德國一個博物館的一個微不足道的發現又將他帶回了激辯的中心。在觀察會飛的爬行動物的收藏品時，奧斯特羅姆注意到一件採自巴伐利亞一個採石場的標本。它並不像其標籤所顯示的那樣，屬翼龍，或者說會飛的爬行動物。該標本是一條腿的一部分，包括股骨、膝關節和脛骨。該標本的詳細解剖形態使奧斯特羅姆想到了恐爪龍的形態。通過更細緻的檢查，他還辨認出極微弱的羽毛印痕！這顯然是傳說中的早期鳥類始祖鳥（圖

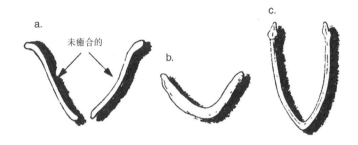

未癒合的

圖17　早期獸腳亞目恐龍的鎖骨(a)、始祖鳥的鎖骨(癒合在一起)(b)以及現代鳥類的鎖骨(c)的比較 (癒合：該詞在生物學上指原來為兩塊骨頭，後來長在一起，變成一塊了。)

13)的一件未被認出的標本。奧斯特羅姆因自己的新發現而激動，同時自然也因為該標本與恐爪龍明顯的相似性而迷惑不解，他開始重新仔細研究所有已知的始祖鳥標本。

　　奧斯特羅姆對始祖鳥研究得越深入，就越是覺得這種動物與他自己發現的大得多的食肉恐龍恐爪龍(圖16)的解剖特徵非常相似。這促使他重新評估鳥類學家和解剖學家格哈德·海爾曼(Gerhard Heilmann)1926年所撰寫的有關鳥類起源里程碑式的、在當時頗具權威性的著作。食肉的獸腳亞目恐龍和早期鳥類在解剖學上的大量相似特徵使得奧斯特羅姆對海爾曼在其著作中關於相似性只能歸因於進化趨同的結論提出了質疑。

　　在掌握了世界各地更新的恐龍發現之後，奧斯特羅姆指出，許多恐龍確實都具有小的鎖骨。這一舉搬

開了海爾曼在恐龍是鳥類祖先問題上所擱置的大絆腳石。受到這一發現的鼓舞，再加上他自己對獸腳亞目恐龍和始祖鳥的詳細觀察，奧斯特羅姆在20世紀70年代早期發表了一系列文章，對海爾曼的理論發起了全面進攻。這使得絕大多數古生物學家逐漸接受了獸腳亞目恐龍是鳥類祖先的理論，也無疑會使頗具遠見的赫胥黎感到欣慰，而使歐文深感不快。

　　獸腳亞目恐龍和最早的鳥類在解剖學上 —— 也就意味着在生物學上 —— 密切的相似性給有關恐龍代謝狀況的爭論添了一把柴。鳥類是高度活躍的內溫動物；或許獸腳亞目恐龍也可能擁有較高的代謝水平。帶羽毛的鳥類具有獨特的解剖學和生物學特徵，這使得它們被作為一個獨立的綱，即鳥綱，而區別於其他所有脊椎動物，但它們與其他更典型的爬行綱(恐龍只是其中一個已絕滅的類群)成員之間曾經清楚劃分的界線變得模糊不清而令人困擾了。這個模糊界線的範圍在最近幾年變得更加顯著了(正如我們將在第六章中所看到的)。

第三章
禽龍新知

.

20世紀60年代古生物學的復蘇，以及由約翰·奧斯特羅姆的重要工作所帶來的對恐龍的新見解，促使人們開始重新研究某些早期發現。

路易斯·道羅在描述貝尼薩爾禽龍的驚人發現時塑造了一個巨大的、像袋鼠一樣的動物形象(5米高，11米長)。它具有：

> 強有力的後腿和幫助其保持平衡的粗大尾巴……(而且)是植食性動物……它用長舌頭卷住一把樹葉，然後吸入口中，用喙切斷。

對禽龍的描繪相當於「吃樹葉的動物」——以絕滅時間距今較近的南美大地懶和現在的長頸鹿為代表——在恐龍中的對應物。道羅自己認為禽龍屬「像長頸鹿一樣的爬行動物」。令人驚訝的是，這個禽龍構想的幾乎每個方面都是不正確或具有嚴重誤導性的。

貝尼薩爾：禽龍的死亡之穀？

在貝尼薩爾所進行的一些最早期的工作集中在這一最初發現的特殊環境上。這些恐龍發現於一個煤礦，位於地表下356米到322米的深度之間（圖18）。這出乎人們的意料，因為開採的煤層的年齡為古生代，而人們尚未在這麼古老的岩石中發現過恐龍。然而，禽龍骨架並不是發現於煤層本身，而是在白堊紀時期的葉岩礦穴中，這些葉岩穿過了產煤的更古老岩石。採礦地質工作者出於商業利益的考慮而想探明這些黏土的範圍以及它們可能對煤礦開採的影響程度，因此，他們開始繪製這個區域的地圖。

在這些地質調查過程中所繪製的煤層剖面圖顯示，水平的古生代岩層（其中含有寶貴的煤層）有時會被很陡的中生代葉岩層（細的薄層狀黏土）穿過。剖面圖給出了邊緣陡峭的深谷切入古老岩石中的最初印象，這構成了一個生動而頗具吸引力的觀點的基礎。這個觀點就是貝尼薩爾的恐龍代表了一個突然跌入死亡深淵的群體（圖18）。道羅本人不是地質學家，他更傾向於認為這些恐龍曾經生活在一個狹窄的山谷並最終死在那裏。然而，越富戲劇性的故事產生的影響就越為廣泛。又有人進一步添枝加葉，提出它們是因為被巨大的食肉恐龍（巨齒龍類）追逐，或者是因為某個異常事件，例如森林火災而驚跑跌下山谷的。這並不

完全是一廂情願的想法：在產禽龍的岩層中發現了非常稀少的大型食肉恐龍的碎片；而在產煤的岩石和產恐龍的葉岩層之間的一些礫狀沉積物中找到了像木炭一樣的煤塊。

19世紀70年代和80年代早期貝尼薩爾的發現給物流工作帶來了巨大的挑戰。長達11米的完整恐龍骨架在一個深礦井的底部被發現；它們是當時全世界關注的焦點，但是如何將它們挖掘出來並進行研究呢？

比利時政府資助的布魯塞爾皇家自然歷史博物館的科學家和技術人員與貝尼薩爾煤礦的礦工和工程師合作開展了這項工作。每一具骨架都被小心地發掘出來，它在煤礦中的位置也在平面圖上系統地記錄下來。所有骨架都被分成大約一米見方、便於搬運的塊體。每一塊都用熟石膏外殼保護起來，並在平面圖上詳細編號和記錄（圖19），然後才抬出來運到布魯塞爾。

回到布魯塞爾，這些化石塊根據記錄被重新組合起來，就像巨大的拼圖玩具。石膏被極為小心地剝掉，露出每具骨架的骨頭。這時，在開始任何進一步的處理或提取工作之前，為該計劃特聘的一位畫家古斯塔夫·拉瓦萊特（Gustave Lavalette）會首先繪製出保持死亡姿態的骨架（圖20）。一些骨架被從葉岩中完全取出，組裝成動人心魄的展品，直到今天還可以在布魯塞爾利奧波德公園的皇家自然科學研究所（即原來的皇家自然歷史博物館）看到。其他骨架只清除了一側的

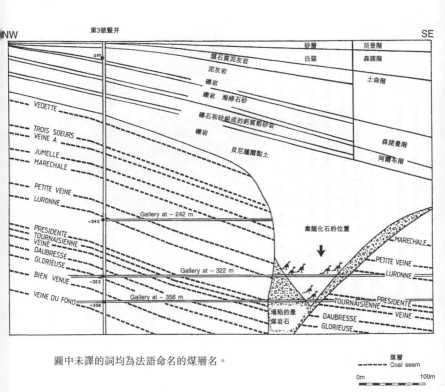

圖中未譯的詞均為法語命名的煤層名。

圖18　貝尼薩爾煤礦地質剖面圖

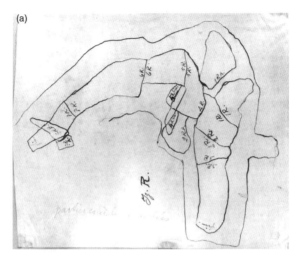

圖19　貝尼薩爾一具被挖出的禽龍骨架的平面圖

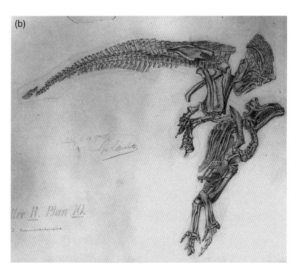

圖20　拉瓦萊特繪製的圖19中的禽龍骨架的圖樣

葉岩基體，以埋藏的姿態排列在支撐着巨大的石膏塊的木制展臺上。這些展品是仿照它們在貝尼薩爾的煤礦中最初被發現時的埋藏姿態來佈置的。

每一次發掘的最初平面圖，以及一些粗略的地質剖面圖和所發現恐龍的素描圖都保存在布魯塞爾皇家研究所的檔案裏。這些資料被「開採」出來，而這次是為了尋找有關恐龍埋藏地點地質特徵的線索。

貝尼薩爾村所在的蒙斯盆地煤礦區的地質狀況在發現恐龍之前就已經是研究的課題了。1870年的一篇重要評論指出，蒙斯盆地的產煤地層中分佈着「鯡斗」狀斑點（自然形成的地下坑洞）。每一個「鯡斗」的範圍都很有限，且為葉岩所填充。據推斷，它們是地下深處的古生代岩石溶解所形成的。在上層所覆蓋岩石的純重力作用下，這些洞穴的頂面會發生週期性塌陷，從而洞穴也就會被它上面所覆蓋的物體所填充：在本案例中是軟的黏土或葉岩。在蒙斯地區，這樣的沉積物塌陷在當地的記錄中表現為恐怖的、像地震一樣的震動。驚人的巧合是，1878年8月在貝尼薩爾發掘恐龍的時候，就發生了一次這樣的小「地震」。人們注意到了地下通道內的小塌陷和湧水，但水一抽幹，礦工和科學家們又立刻投入了工作。

儘管掌握了所有這些區域的地質資料，但非常奇怪的是，布魯塞爾博物館的科學家們錯誤地解釋了貝尼薩爾「鯡斗」的地質特徵。煤礦工程師繪製了發現

恐龍的坑道的地質剖面略圖。圖上顯示，在緊鄰產煤層的地方，有10-11米厚的角礫岩剖面（破碎的岩層，含有不規則石灰岩塊和混有淤泥與黏土的煤礦，即圖18中的「塌陷的產煤岩石」），之後才是坡度很陡、但分層比較規則的產化石葉岩。接近「鮒斗」的中部，黏土層呈水平分佈，當坑道接近「鮒斗」相反的一側時，岩層再一次向相反的方向急劇傾斜，然後又進入角礫岩區域，最後重新進入產煤沉積層。穿越「鮒斗」的對稱地質特徵恰恰可以認為是上覆沉積物填入大的洞穴中所造成的。

埋藏恐龍的沉積物也直接否定了山谷或河谷的解釋。分層很細的含化石葉岩通常是在低能量、相對淺水的環境下沉積的，大概相當於大的湖泊或潟湖。完全沒有證據顯示成群的動物跌入山谷造成災難性死亡。事實上，恐龍骨架發現於不同的沉積層中(與魚、鱷類、龜、數以千計的樹葉印痕，甚至罕見的昆蟲碎片共同存在)，由此證明它們肯定不是死於同一時間，因此絕不會是同一群落的一部分。

對煤礦中化石骨架進行的定向研究顯示，恐龍屍體是在不同時間、從不同方向被沖入埋藏區域的。似乎攜帶它們屍體的河水的流動方向會不時變化，這與今天在流動緩慢的大型河流中發生的情況完全一致。

因此，早在19世紀70年代人們就清楚地認識到，貝尼薩爾的恐龍既不是在「山谷」、也不是在「河

谷」中死亡的。非常有趣的是，貝尼薩爾恐龍的戲劇性發現似乎太需要一個關於其死因的同樣戲劇性的解釋了，以至於儘管這些想像與當時可獲得的科學證據相抵觸，它們還是被不加批判地採納了。

禽龍作為巨大的袋鼠型動物的形象已經變成了標誌性符號，因為其完整的骨架模型被慷慨地送給世界各地的許多博物館。但是這種復原的證據經得起進一步的仔細研究嗎？

「歪曲」的尾巴

根據基本原理來重新觀察骨架證據，貝尼薩爾骨架的解剖結構顯示出了一些令人迷惑的特徵。其中一個最顯著的特徵與禽龍碩大的尾巴有關。眾所周知的禽龍復原模型顯示，該動物（圖12）像真正的袋鼠那樣，用尾巴和後腿像三腳架一樣支撐起身體。為了採用這種姿態，尾巴朝臀部方向向上彎曲。與其形成強烈反差的是，所有的文獻記錄和化石證據都表明，該動物的尾巴一般是筆直的或者有點向下彎曲。從博物館陳列在石膏塊上的標本中，以及從標本展出之前用鉛筆所繪的精美骨架速描圖上（圖20）都可以清楚地看出這一點。當然，或許可以爭辯說，這種形態只不過是保存過程所造成的現象，但這個解釋在這裏肯定是沒有道理的。實際上，脊柱的兩側都由像格架一樣排

列的長骨質肌腱「捆綁」在一起，從而使得脊柱變得很直；這可以在圖20中看到。因此，肌肉發達的沉重尾巴起着巨大懸臂的作用，在臀部平衡身體前部的重量。事實上，從身體結構的角度來說，在道羅的復原中所看到的向上彎曲的尾巴在這些動物活着時是不可能實現的。對骨架的詳細檢驗顯示，尾巴在若干地方被有意弄斷，以達到向上彎曲的目的——這種情況或許是路易斯·道羅過於急切地想使骨架適合他個人想法的緣故。

這一發現打亂了骨架其餘部分的姿態。如果尾巴變直了，以使它的形態更為「自然」，那麼身體的傾斜度就發生了顯著的變化：脊柱變得更水平，在臀部保持平衡。結果是胸部變得更低，使前肢和手更接近於地面，這就引發了有關它們可能的功能的疑問。

手還是腳？

出於一個明顯的原因，禽龍的手已成為恐龍民間傳說的一部分。拇指上錐形的釘狀刺最初被認為是長在禽龍鼻子上的角（圖9），就像犀牛一樣，而且這個形象由於矗立在倫敦水晶宮公園的巨大混凝土模型（第一章，圖2）而流傳於世。直到1882年道羅首次提供了禽龍的權威性復原，人們才確信這塊骨頭的確是恐龍手的一部分。然而，這種恐龍的手（以及整個前肢）還有更多的令人驚奇之處。

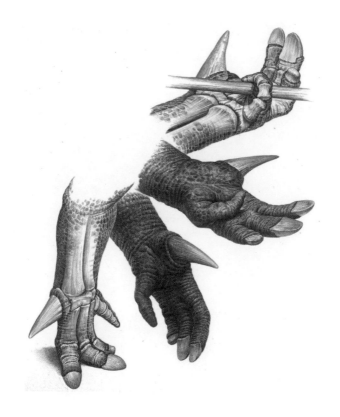

圖21A　禽龍的手及其使用範圍

　　拇指，或者說第一指，由一塊大的、錐形、帶爪子的骨頭組成，其突出方向與手的其餘部分垂直，幾乎不能活動（圖21A）。第二、三、四指的排列方式與第一指大不相同：三塊長的骨頭（掌骨）構成了手掌，

圖21B　禽龍匕首一樣的拇指的活動

它們通過堅固的韌帶結合在一起；手指與這些掌骨末端以關節相連，短而粗，末端長有平而鈍的蹄。研究者將這些骨頭排列起來，操控它們，看它們真正的活動範圍可能如何，結果發現，手指向外張開（互相遠離），完全不能像預想的那樣，彎曲握成拳頭，及執行

圖22　新的禽龍復原圖

簡單的抓握功能。這種獨特的排列方式看起來與它們
的腳很相似：每隻腳上中間三個腳趾的形態和關節都
很相似，互相分開，末端有扁平的蹄。第五指與所有
其他指均不相同：它與前面的四個手指明顯分開，與
手的其餘部分構成很大的角度；它也很長，每個關節
處的活動範圍都很大，可能異乎尋常地靈活。

　　這次重新觀察促使我大幅度修訂了早期的觀點，
並推斷禽龍的手是整個動物界中最奇特的手之一。其
拇指無疑是一個引人注目的、匕首般的防禦武器（圖
21B）；中間的三個手指顯然適於承重（而不是像普通的

手那樣用來抓握物體）；而第五指足夠長且靈活，可以像真正的手指一樣充當抓握的器官（圖21A）。

手可以像腳一樣用來行走，或者至少可以承擔部分體重，這個觀點是革命性的——但它是正確的嗎？這促使人們對前肢和肩部進行進一步研究，以便尋找可能支持這一全新解釋的補充證據。

首先，腕關節被證明是很有趣的。腕部的骨骼癒合在一起，成為一個骨塊，而不是一排光滑、圓潤的骨頭，可以相互滑過，以便手在前臂上旋轉。所有單個腕骨都由骨質膠結物結合在一起，其外周還有骨質韌帶束進一步加固。顯然，這些特徵結合在一起，是為了將腕骨牢牢固定在手和前肢骨骼上，以抵抗承重過程中作用於它們的力，如果手真的要起腳的作用時必須如此。

前肢骨骼的其餘結構非常強壯，主要也是為了加強承重時的力量，而不是像比較標準的真正前肢那樣為了取得柔韌性。前肢的僵硬程度對於手的着地方式具有重要影響——手指應該是朝外，而手掌向內——這是將手轉換成腳所造成的一個不尋常的結果。禽龍這種相當笨拙的手的姿態已經通過研究這種恐龍留下的前腳印的形態得到了證實。

前肢上部（肱骨）巨大，很像柱子，並顯示出它上面曾固定巨大的前臂和肩部肌肉。前肢也特別長，超過了後肢長度的四分之三。在原來的骨架復原中，前

肢的真正長度在某種程度上被掩蓋了，因為它們折疊在胸前，看起來總是比它們的真正長度要短。

最後，肩部骨骼大而有力，如果前肢起到腿的作用，這就完全合乎道理了。但肩部還顯示出另一個出乎意料的特徵。在貝尼薩爾的較大骨架中，胸部中央有一塊不規則的骨頭，長在胸部中央兩個肩關節之間的軟組織中。這塊骨頭是病理性的——當動物用全部四足行走時，胸骨內部所產生的損傷會促使這種骨頭的形成(被稱為胸骨間骨化)。

根據這些觀察重新評估禽龍的姿態，則它的脊柱比較自然的姿態很顯然是水平的，體重沿着脊柱分佈，主要在臀部保持平衡，並由大而強壯的後腿支持。骨化的肌腱沿脊椎骨在胸、臀和尾部上方分佈，顯然起着張力器的作用，使體重能夠沿着脊柱分佈。這種姿態使前肢能夠着地，在動物靜止時用於支持體重。禽龍很可能用全部四肢緩慢行走，至少在部分時間裏是這樣的(圖22)。

大小和性別

貝尼薩爾的發現尤為著名，因為其中包含了兩種類型的禽龍。一種(貝尼薩爾禽龍——顧名思義就是「生活在貝尼薩爾的禽龍」)大而強壯，有超過35副骨架屬這種禽龍；另一種(阿瑟菲爾德禽龍，以前稱為曼

氏禽龍 ── 從字面上講，就是「曼特爾的禽龍」)較小而纖細(大約6米長)，僅有兩具骨架。

這些標本一直被認為屬不同的種，直到20世紀20年代，來自特蘭西瓦尼亞的貴族、古生物學家弗朗西斯·巴倫·諾普喬(Francis Baron Nopcsa)對它們重新進行了評析。兩種顯然生活在同一地點、同一時間的非常類似的恐龍類型的發現，促使他提出了一個簡單而明顯的問題：它們是同一個種的雄性和雌性嗎？諾普喬試圖在若干化石種中確定性別差異。就貝尼薩爾的禽龍來說，他推斷，較小且較稀少的種是雄性，較大且較多的種是雌性。他相當合理地評論道，實際情況通常是雌性爬行動物要比雄性大。其中的生物學原因在於，雌性通常必須生產大量的厚殼卵；卵在產出之前要從身體吸取相當多的資源。

儘管這看起來是一個合理的推測，但事實上它很難得到科學的證實。從總體上看，爬行動物體型大小的變化範圍大得驚人，遠非諾普喬希望我們相信的那樣，是穩定的特徵。除此之外，在現生爬行動物中用於區分性別的特徵通常見於性器官本身的軟組織解剖、皮膚的顏色，或者行為。這一點特別遺憾，因為只有在非常罕見的情況下化石才會保存這些特徵。

最有價值的證據是發現禽龍性器官軟組織結構的化石，但遺憾的是，這是一件幾乎不可能的事情。而且，由於我們永遠不可能知曉它們真正的生物學特徵

和行為，因而我們必須謹慎一些，還要實事求是。從目前來看，較為穩妥的辦法是記錄這些不同點（或許我們可以保留自己的猜測），但也只能到此為止。

對產自貝尼薩爾的、更豐富的大型禽龍的詳細研究顯示，其中有少數體型比平均值要小。對所有這些骨架比例的測量顯示了出人意料的生長變化。較小的、據推測是未成年標本的前肢比預期的要短。前肢比較短的幼年個體可能更擅長於雙足奔跑，但在達到大型的成年尺寸和高度後，它們可能就逐漸變得更習慣於以全部四條腿行走。這也與僅在較大的、可能為成年的個體中觀察到胸骨間骨化現象相一致，因為與較小、較年輕的個體相比，成年個體在更多的時間裏是四足着地的。

軟組織

化石動物的軟組織很罕見，只有在極為特殊的條件下才能保存下來，因此古生物學家逐漸探索出各種方法，來直接和間接地解讀有關恐龍這類生物學特徵的線索。

路易斯·道羅描述過禽龍部分骨架上的小片皮膚印痕。出自貝尼薩爾的許多骨架是按典型的「死亡姿態」來展示的，強有力的頸部肌肉在死後僵直（rigor mortis）過程中收縮，牽拉頸部產生強烈彎曲，使頭向

圖23 禽龍皮膚印痕

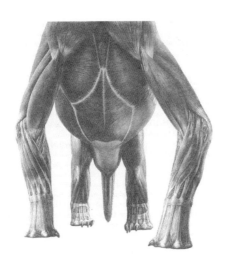

圖24 恐龍的肌肉復原

上和向後轉動。在死亡和最終埋藏的這段時間裏，骨架一直保持着這個姿態，這表示動物的屍體已經變硬、變乾。在這樣的狀態下，它像羊皮紙一樣堅韌的皮膚表面會變硬，埋藏它的細粒泥漿就會形成其皮膚的印模。如果埋藏恐龍的沉積物足夠結實，就能在恐龍的有機組織不可避免地腐爛和消失之前保留它們的形態，那麼（就像簡單的陶器模子一樣）皮膚表面結構的印痕就會保存在沉積物中。

在禽龍的例子中，保存下來的皮膚結構印痕證實了人們的預想：它顯示了細鱗狀、柔韌的表面，在外表上與現代蜥蜴的皮膚非常相似（圖23）。顯然，原始組織的消失意味着任何有關皮膚顏色的痕跡也早已消失了。

除了描述恐龍骨架中的各種骨骼所必須做的詳細工作以外，研究也可以集中於恐龍身體的某些部位，特別是臀部、肩部和頭部，以便獲得有關肌肉排列的線索。其中的原因是，肌肉和肌腱在骨骼表面附着的地方經常會形成指示性的表面標誌，例如骨頭上突起的脊，或獨特的凹形肌痕。骨骼是一種可塑性大得驚人的物質。在身體的生長過程中，或者在受到骨折之類的外傷後自行恢復時，骨骼都必須改變形態。即使當身體完全長成以後，骨骼也會對不斷變化的壓力和張力作出反應，繼續重新塑造，但這可能不那麼顯而易見。例如，一個進行負重訓練的人會沉積額外的骨

骼，以便應對增大的負荷，特別是當這種訓練模式持續很長時間的時候。

在身體的特定區域，大的肌肉會對骨骼施加壓力，這樣骨骼上的肌痕就會相當明顯，甚至在化石上也清晰可見；據此可以繪製出一張復原了一些原始肌肉組織的草圖（圖24）。這種復原以相關現生動物的已知肌肉排列為依據，同時考慮到所研究的化石動物的解剖差異或新特徵，是將兩者融合在一起而產生的。

現有系統發育框架（EPB）

通過建立與恐龍關係最近的近親的系統發育樹，我們可以清楚地看到，鱷類在恐龍出現之前演化，而鳥類則在最早的恐龍出現之後演化。因此，從進化角度上講，恐龍處於現生鱷類和現生鳥類之間。

現生鳥類和鱷類共同擁有的解剖學特徵也應該存在於恐龍身上，因為事實上它們是被這些現生動物「括在中間」的。有時這種方法可以在即使沒有確鑿實物證據的情況下，幫助推斷已絕滅類群的生物學特徵。然而，鑒於像恐龍這樣的動物可能非常特殊，在與現生鱷類和鳥類進行比較的時候，必須慎重使用這種方法。

雖然在科學性上遠遠不夠理想，但這種類型研究的一個例子是當研究者在試圖瞭解禽龍肌肉組織的時候，用與恐龍關係最近的兩個現生近親——鳥類和鱷

類的資料作為起點。顯然，這兩種類型的動物都不能完全準確地代表禽龍的解剖學特徵：鳥類因飛行而大大改變，沒有牙齒，尾巴極小，髖部和腿部的肌肉也發生了不同尋常的變化；鱷類雖然在形態上更接近傳統的爬行類，但作為水生捕食動物，它也是高度特化的。儘管存在這些實際問題，但它們為復原提供了一個總的框架或樣板──稱為「現有系統發育框架」（EPB）──在此基礎上再用禽龍更詳細的解剖學特徵來對其進行補充。

這些特徵包括來自骨架或頭骨的整體物理結構（骨骼的形態和排列）的綜合證據，以及它們對肌肉分佈和功能的影響。這樣的復原還需要考慮一些其他因素，譬如所提出的運動方式。例如，肢骨之間關節的詳細特徵，它考慮的是與肢骨定位和每一個肢骨關節處可能的活動範圍相關的單純力學因素；又如在某些情況下，恐龍以足跡化石的形式所留下的真實證據，可以指示它們活着時實際上是如何活動的。

在研究倫敦自然歷史博物館收藏的許多破碎的禽龍骨骼時，一件與眾不同的標本引起了我的注意。它由一個大而殘破的部分頭骨組成。上頜骨上暴露的幾顆牙齒顯示它的確屬禽龍，但除此之外，對於解剖研究來說，它似乎毫無用處了。出於興趣的緣故，我決定將該標本切成兩半，看看它內部是否有任何解剖特徵更好地保存下來了。

結果展現出來的特徵出乎意料地有趣並且令人興奮。雖然骨骼已遭破壞和侵蝕，但很明顯，該頭骨被埋藏在柔軟的粉砂質淤泥中，淤泥滲入了頭骨的全部空間。經過數百萬年以後，淤泥變硬(石化)，密度變得像混凝土一樣。石化的過程非常徹底，以至於泥岩已變得不具滲透性，因此含有礦物質的地下水不能透過岩石滲入並將頭骨礦化；結果骨骼相對較軟、易碎。

這種罕見的保存條件為探索頭骨解剖特徵提供了難得的機會。小心剔除易碎的頭部骨骼(而不是硬的泥岩基質)，便可暴露出已成為天然泥岩鑄模的頭骨內部空間的形態(圖25)。其中包括大腦所在的空腔、內耳的通道，以及許多通向顱腔和從顱腔發出的血管和神經束。鑑於這一特定動物在大約1.3億年前就已經死亡，能夠復原這麼多的軟體解剖特徵真是非同尋常。

禽龍和食性適應

最早可識別的禽龍化石是牙齒，它的指示性特徵顯示它是植食動物；這些牙齒的形態像鑿子，能夠在嘴裏將植物切斷和磨碎後再咽下。

切斷和磨碎植物性食物的需求提示了一些有關已絕滅動物食性的重要信息，以及它們的骨架可能包含的一些線索。

食肉動物的食物大部分由肉類組成。從生物化學

禽龍的大腦

顱腔的結構顯示前部有大的嗅葉，表明禽龍的嗅覺很發達。粗大的視神經朝着大眼窩方向穿過腦顱，顯然證實了這些動物具有良好的視覺。大的腦葉表明它是一種協調性很好、很活躍的動物。內耳鑄模顯示出為動物提供平衡覺的環形半規管，以及一個指狀結構，是它聽覺系統的一部分。在顱腔之下懸垂着一個豆莢狀結構，其中容納着腦下垂體，它負責調節內分泌功能。在鑄模的兩側向下，可以看到一系列粗大的管道，代表了 12 對腦神經穿過原來的腦顱壁（當然，在這裏已破碎了）的通道。其他穿過腦顱壁的較小的導管和管道也保存下來，這提示了一組血管的分佈。它們將血液從心臟（通過頸動脈）帶到顱底，當然，也通過向下返回頸部的大的外側頭靜脈將血液從大腦排出。

和營養學的觀點來看，對於任何動物來説，肉類食物都是一個最簡單和最明顯的選擇。世界上大多數非食肉動物具有與捕食它們的食肉動物大致相似的化學物質組成。因此這些獵物的肉是現成的、可迅速吸收的食物來源。當然，條件是能夠捕捉到獵物，用像餐刀一樣的簡單牙齒在嘴裏將其切成大塊（甚至整個吞下），然後在胃裏很快消化。整個過程有可能比較迅速，而且從生物化學的角度來看，效率也非常高，因為幾乎沒有甚麼浪費。

圖25　左：禽龍天然顱腔鑄模化石的斜視圖。右：顱腔的線條圖，展示
耳區結構、神經、血管和嗅葉。

食草動物所面臨的是更具有挑戰性的問題。與動物的肉相比，植物既不是特別有營養，也無法被迅速吸收。植物主要由大量的纖維素構成，這種物質賦予了它們強度和硬度。對於動物來說，有關這種獨特化學物質至關重要和極為棘手的一點是，它完全不能消化：在我們腸道裏的化學物質儲備中的確沒有甚麼東西能夠真正分解纖維素。因此，植物中的纖維素部分就像我們所謂的粗糧一樣，直接通過了動物的腸道。那麼，食草動物是如何依靠看起來這麼沒有價值的食物存活下來的呢？

　　植食性動物已成功地適應了這種食物，因為它們表現出許多獨特的特徵。它們擁有一副好牙齒，耐磨、持久、複雜，具有不光滑的研磨表面，還擁有強有力的頷骨和肌肉，能夠將植物組織在齒間磨碎，把包含在植物細胞壁之內的有營養、能利用的「細胞液」釋放出來。為了從這些比較缺乏營養的物質中攝取足夠的營養，食草動物需要吃下大量的植物性食物。因此，食草動物往往擁有圓桶狀的身體，以容納大而複雜的腸道，這是貯存它們不得不吃下的大量植物並給予足夠的時間來進行消化所必需的。食草動物的大容量腸道中儲藏着種群密集的微生物，它們生活在消化道內壁的專門腔室或袋囊中；我們的闌尾是這種腔室的一個小的退化殘跡，提示我們的靈長類祖先是食草的。這種共生關係使得食草動物為微生物提供

一個溫暖、受到庇護的環境以及持續不斷的食物供應；反過來，微生物能夠合成纖維素酶，這種酶能消化纖維素，並將其轉化為糖，然後就可以被宿主吸收了。

從大部分標準來看，禽龍(長11米，重約3–4噸)屬大型食草動物，應該會消耗大量的植物。已知這一背景信息，就可以詳細探討禽龍究竟如何取食以及消化食物等問題了。

有關禽龍取食方式的一種長期的看法是，它們用長舌頭將植物捲入嘴裏。這一觀點由吉迪恩·曼特爾提出，他對最早的、近乎完整的禽龍下頜骨之一進行了描述。這一新的化石包括一些標誌性的牙齒，所以其歸屬是沒有疑問的；它的前端沒有牙齒，呈噴嘴狀。曼特爾推測，這種形態可以使長舌頭從嘴裏滑進滑出，就像長頸鹿的舌頭那樣。曼特爾不可能知道，這個新發現的下頜骨前端並不完整，「噴嘴」裏實際上覆着一塊前齒骨。

值得指出的是，20世紀20年代路易斯·道羅進一步支持了曼特爾的推測。道羅描述了位於下頜骨前端的前齒骨上的一個特殊開口；它構成了一個直接穿過前齒骨的通道，使得長而纖細、肌肉發達的舌頭可以伸到外面抓住植物，並把它卷到嘴裏。在禽龍的頜骨之間曾發現大的骨骼(角鰓骨)，有人認為它們的作用是供控制這類舌頭的肌肉附着。這一結構與道羅的觀點非常吻合，即禽龍是啃食樹木的高大動物，具有像

長頸鹿一樣可以抓住食物的長舌頭。

　　在對許多採自貝尼薩爾的禽龍頭骨上的下頜骨重新進行檢查後發現，並沒有道羅所說的前齒骨通道。前齒骨上部的邊緣很鋒利，支持着一個龜狀角質喙。前齒骨及其上面的喙與同樣沒有牙齒、覆蓋着喙的位於上頜骨前端的前頜骨相對咬合，這種結構使得這些恐龍可以非常有效地啃食它們所獲取的植物。角質喙的優勢在於，無論它們啃食的植物多麼堅硬和粗糙，它都會持續不斷地生長(不像牙齒那樣會逐漸磨損)。對角鰓骨則仍需作一些解釋。在本例中，它們應該是用來固定肌肉的。這些肌肉使舌頭在嘴裏來回移動，以便在咀嚼時將食物變換位置，並在吞咽時將食物推入咽喉。這與人類口腔底部的角鰓骨所起的作用完全相同。

禽龍如何咀嚼食物

　　除了位於嘴前端的、能夠咬斷植物的角質喙之外，頜骨的邊緣還排列着令人生畏、近乎平行的鑿狀牙齒，它們的形態像邊緣不規則的刀刃(圖26)。每個工作齒都靠着相鄰的牙齒整齊地排列，在工作齒的下面是替換齒的齒冠，當工作齒磨損的時候，它們便補入這個空隙，實際上相當於牙齒的「彈匣」或電池組。一般來說，這種持續替換的模式對於爬行動物而

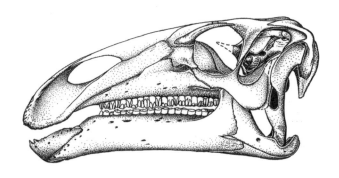

圖26　禽龍的頭骨

言是很平常的。但是，即使以爬行動物的標準來看也非同尋常的是，工作齒和替換齒在一個不斷生長的匣中被固定在一起，就好像它們都是一個像磨石一樣的巨大牙齒的一部分。在恐龍的一生中，相對的(上牙和下牙)牙齒匣之間保持着一個研磨面。它們不具有永久性的(像我們一樣的)耐磨臼齒，而是可以描述為拋棄型的模式，它依靠的是單個簡單牙齒的不斷替換。

　　每個相對的牙齒切面邊緣都具有一些典型特徵，保證了它們切割動作的效率。下牙的內表面覆蓋着非常堅硬的厚釉質層，而牙齒的其餘部分則由較軟的、像骨骼一樣的牙質組成。與其相對的是，上牙的佈局是相反的：外邊緣覆蓋着厚釉質層，牙齒的其餘部分由牙質組成。當頜骨閉合時，這些相對的切面彼此滑過：在剪/切動作中，下頜牙齒匣的堅硬釉質前緣與上牙的釉質切邊咬合，很像一把剪刀的兩個剪切面(圖

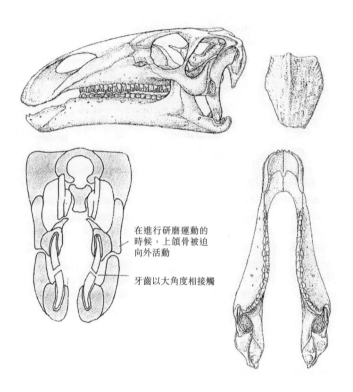

在進行研磨運動的
時候，上頜骨被迫
向外活動

牙齒以大角度相接觸

圖27 禽龍的牙齒和頜骨

27）。一旦釉質邊緣彼此滑過之後，（不同於剪刀的剪切面）釉質邊緣切在對面牙齒匣較不堅固的牙質部分，進行撕扯和研磨動作，這對於磨碎堅硬的植物纖維是很理想的。

上牙和下牙「彈匣」研磨表面的幾何形態特別有趣。磨蝕面是傾斜的，下牙的磨蝕面向外、向上，而上牙的磨蝕面則朝內、朝下。這一模式帶來的結果很有意思。在傳統的爬行動物中，下頜骨的閉合是由簡單的鉸合作用完成的，嘴兩邊的頜骨在所謂的同頜（isognathic）咬合過程中同時閉合。如果禽龍使用這種咬合方式，那麼顯而易見，嘴兩邊的兩組牙齒就會永遠卡在一起：下頜卡在上頜裏。這就意味着，傾斜的磨蝕面當初是如何發育而成的，根本無法想像。

如果要形成傾斜的磨蝕面，頜骨在閉合的時候就必須有某種側向活動的能力。這種活動類型在現生食草哺乳動物中是通過發育上下頜牙齒不同的（anisognathic）頜骨閉合機制來實現的。它依靠的是下頜骨寬度必然小於上頜骨這一事實。每個頜骨兩側呈吊索狀排列的特殊肌肉能夠準確地控制頜骨的位置，因此同一側的牙齒互相接觸，然後下牙在裏面用力滑動，這樣牙齒便互相研磨。我們人類即採用這種類型的頜骨機制，特別是在吃堅硬食物的時候，但在一些標準的食草哺乳動物中，例如牛、綿羊和山羊，動作則要誇張得多，頜骨的擺動非常明顯。

所有類型哺乳動物的頷骨機制都需依靠非常複雜的頷部肌肉、複雜的神經控制系統，以及一套具有特殊結構的頭骨，以便承受這種咀嚼方式所帶來的壓力。相反，較傳統的爬行動物——禽龍就是其中之一——不具備上下頷牙齒不同的頷骨配置，缺乏能使下頷精確定位的複雜肌肉系統（它們是否具有控制這一運動的神經系統則無關緊要），而它們的頭骨也沒有特別加固，以承受作用於頭骨上的側向力。

禽龍似乎給我們出了一道難題：它與任何預期的模式都不相符。是解剖結構錯了，還是這類恐龍有某些出人意料的行為？

禽龍的下頷骨很強壯，而且相當複雜。在前端，每塊下頷骨都由前齒骨將其同相鄰的下頷骨固定在一起。牙齒的排列基本上與下頷骨縱向平行，在後方有一塊高高突起（冠狀突）的骨骼，該區域起到附着強有力的頷骨閉合肌的作用，同時也作為一個槓桿，增加作用於牙齒的咬合力。在冠狀突之後，是一組呈緊密束狀排列的骨骼，支持着像鉸鏈一樣的下頷關節。上頷骨在咬合的時候不僅會受到由下頷骨向上閉合以及下牙對上牙咬合所產生的垂直方向的力，而且隨着咬力的增大，還會受到下牙插入上牙時所產生的橫向力。

在所有作用於禽龍頭骨的力中，最不具備承受條件的是作用於牙齒的橫向力。伸長的口鼻部（眼窩前面的區域）橫切面呈深的倒 U 形。為了抵禦作用於牙齒

的橫向力，頭骨需要由連接兩側上頜的骨質「托梁」來支撐；這種裝置可見於現生哺乳動物。如果沒有這樣的支撐，禽龍的頭骨很容易沿中線破裂，這是因為作用於牙齒的力使顴骨的縱深對口鼻部頂面產生巨大的扭轉力矩所致。在每側頭骨下面成對角線排列的鉸合構造避免了頭骨沿中線破裂；它使頭骨側面在下牙用力插入上牙的同時向外活動。頭骨內部更深處的其他特徵幫助控制沿着這條鉸鏈方向可以接受的活動量（這樣上頜骨就不會牟拉着亂動）。

我將這個奇特的系統命名為側向運動(pleuro-kinesis)。一方面，可以將該系統看作是在正常啃咬時避免其頭骨發生災難性破裂的一種手段。然而，側向運動機制允許相對的兩組牙齒之間進行研磨運動。它以完全不同的方式模仿了食草哺乳動物所完成的研磨運動。

這一新的咀嚼系統可以與另一個和禽龍等恐龍相關的重要觀察結果聯繫在一起。它的牙齒從臉部側面凹進(位置朝內)。這就產生了一個凹陷，可能被多肉的面頰所覆蓋——另一個迥異於爬行動物的特徵。假如切碎食物時上牙滑過下牙，合乎邏輯的預見似乎是，每次它們用嘴啃咬食物的時候，至少一半的食物會從嘴邊掉出去……當然，除非它們被某種多肉的臉頰擋住，並在嘴裏再加工。因此，這些恐龍似乎不僅能夠以令人驚訝的複雜方式咀嚼食物，它們還具有跟

哺乳動物一樣的面頰。當然，為了在咀嚼之前將食物在牙齒之間定位，它們應該還需要一個肌肉發達的大舌頭(和強壯的角鰓骨——舌肌骨)。

　　一旦確認了這一新的咀嚼系統之後，我便認識到，側向運動並不是只與禽龍聯繫在一起的「一次性」的新發明。它實際上普遍存在於被稱為鳥腳次亞目恐龍的基本類群中，禽龍就屬該類群。追溯鳥腳次亞目在整個中生代的總體進化歷史，很明顯，這些恐龍類型最終變得越來越多樣和豐富。鳥腳次亞目在白堊紀最晚期的生態系統中達到鼎盛；經常有報告稱，在所有這個時期已發現的陸生動物化石中，鳥腳次亞目是數量最多的。在全球的某些地區，在這一時期以鴨嘴龍類為代表的鳥腳次亞目恐龍極度豐富和多樣化：北美的一些發現顯示出數以萬計個體的鴨嘴龍獸群。鴨嘴龍具有最複雜的臼齒(每隻鴨嘴龍在任何時候都有多達1,000顆牙齒)，以及發育完善的側向運動系統。

　　一個說得通的解釋是，這些恐龍之所以變得豐富和多樣在很大程度上是因為它們能夠利用側向運動系統有效地食用植物性食物。它們的成功進化很可能是繼承了首先在禽龍中得以確認的新式咀嚼機制的結果。

第四章
恐龍系譜解析

　　到目前為止，我們的焦點大部分集中在探討禽龍的解剖、生物學及其生活方式等方面。很明顯，禽龍僅僅是中生代更加恢宏的生命舞臺上的一類恐龍。古生物學家肩上的重任之一是努力探尋他們所研究的種的系譜，或者說演化歷史。為了對恐龍作為一個整體有正確的認識，就必須簡要說明用於進行這項工作的方法，以及當前我們對恐龍進化歷史的瞭解。

　　化石記錄的一個特點是它提供了不僅僅在幾代人的時間跨度內（這是現代系譜學家的研究範圍），而是跨越數千或數百萬代，在漫長的地質年代裏追溯生物系譜的誘人可能性。目前進行這項研究的主要手段是被稱為系統發育系統學的方法。這一方法的前提其實非常簡單。它承認生物體都服從於達爾文的總體進化過程。這只需要一個並不深奧的假設，即從系譜的角度來說，親緣關係較近的生物往往比關係較遠的在身體上有更大的相似性。為了研究動物（在這裏是化石動物）的親緣關係，古生物系統分類學家最感興趣的是在保存下來的化石硬體部分識別出盡可能多的解剖特

徵。遺憾的是，大量真正重要的生物學信息已全部腐爛，並在骨架石化的過程中丟失了，因此，從實際情況出發，我們只能充分利用所遺留的部分。直到不久之前，系統發育重建還完全依靠動物硬體部分的解剖特徵；然而現在，科學技術的創新使得收集基於現生有機體的生物化學和分子結構的資料成為可能，這為研究過程增加了重要的新信息。

恐龍分類學家需要做的就是開出一張長長的解剖特徵清單，以便識別出在系統發育中重要的或含有進化信息的特徵。這項任務是為了將較密切的動物歸在一起，在此基礎上試圖建立一個切實可行的親緣關係分類體系。

這一分析還會確定某一特定化石種的獨特特徵；這些特徵十分重要，因為它們確立了一些特殊的性狀，比如可以將禽龍與所有其他恐龍區分開來的性狀。這聽起來或許再明顯不過了，但實際上，化石動物經常只保存了數量很少的骨骼或牙齒。如果在原產地以外但時代非常相近的岩石中發現其他不完整化石，要令人信服地證明新發現的遺骸屬（比方說）禽龍，或者一種以前沒有發現過的新動物，可能是一個相當大的難題。

除了確定禽龍的獨特特徵以外，還需要確定它與其他同樣獨特、但關係非常密切的動物所共有的解剖特徵。可以說這就相當於它解剖學上的「家族」。恐

重爪龍的例子

200多年以來，英格蘭東南部的早白堊世岩石一直為化石獵人(開始於吉迪恩·曼特爾)和地質學家(以威廉·史密斯最為著名)所大力勘探。禽龍化石很常見，有限的其他幾類恐龍化石也是如此，例如「巨齒龍」、叢林龍、多棘龍、怪異龍、威爾頓龍和棱齒龍。鑒於如此大的勘探力度，人們曾一度認為不大可能再有任何新的發現了。但在1983年，業餘化石採集者威廉·沃克(William Walker)在薩里的一個黏土礦坑裏發現了一塊大的爪骨，這促成了一種8米長、對科學界來說全新的食肉恐龍的發掘。為了紀念它的發現者，該恐龍被命名為沃氏重爪龍，它在倫敦自然歷史博物館的展品中佔據了顯要的位置。

這個故事的教益在於，沒有什麼事情是理所當然的；化石記錄可能充滿了驚喜。

龍「家族」所共有的特徵越普遍，就越能將它們歸到更大、範圍更廣的恐龍類別中，這些類別將逐漸拼合成有關所有恐龍關係的總體模式。

真正的問題是：如何才能獲得這個關係的總體模式？ 長期以來，人們所使用的一般方法可以被簡單描述為「只有我最瞭解」。這實際上完全是自封專家的觀點，他們花大量時間研究某個特定的生物類群，然後總結出該類群相似性的總體模式；他們進行這項工作的方法可能差別很大，但最終首選的關係模式不外乎是基於他們自己的偏愛，而不是嚴格的、經過科學

論證的解決方案。儘管這一方法在有限的生物類群中還算行之有效，但事實表明，要想恰當地討論一種解釋與另一種相比的有效性是非常困難的，因為歸根結底，這些論點都是循環論證的，依靠的是選擇某個個人的觀點。

當生物類群數量眾多、在許多細微方面都存在差異時，這一基本問題就凸顯出來。昆蟲或一些種類多到讓人暈頭轉向的硬骨魚類群就是很好的例子。如果科學界普遍樂於承認某位科學家在某一時期的權威性，那麼表面上一切都好。然而，如果專家們不能達成一致，最終的結果就是令人沮喪的循環爭論。

在過去的40年裏，一個被證明更有科學價值的新方法已逐漸被採納。它不一定會給出正確答案，但它至少更能經受嚴格的科學檢驗和真正的爭論。現在這種方法已被普遍稱為分支系統學(系統發育系統學)。這一名稱在很大程度上讓一些人感到恐慌，但這主要是因為關於分支系統學在實踐中如何運用，以及它的結果在進化關係中的總體意義等方面還存在一些激烈的爭論。幸運的是，我們不需要過多考慮這種爭論，因為其原理實際上非常簡單和明確。

進化分枝圖是將當下研究的所有種聯繫在一起的分枝的樹狀圖解。為了建立分枝圖，研究者需要編制一張表格(數據矩陣)，其中一欄列出所研究的種，與其相對應的是每個種所展現的(解剖、生物化學等)特

徵的彙編。然後根據它是擁有(1)還是沒有(0)某個性狀來給每個種「記分」，或者在某些情況下不能確定，就用(？)來表示。接着利用一系列專用計算機程序對產生的數據矩陣(可能非常大)進行分析，這些程序的作用是對1和0的分佈進行評估，並產生一套統計數據，以確定不同的種所共有的性狀的最簡約分佈。最後產生的進化分枝圖是大量進一步研究的出發點，這些研究的目的是確定和瞭解共同模式或總體相似性的範圍，以及數據可能具有的誤導性或錯誤的程度。

由這種分析所產生的進化分枝圖代表的只是所研究的動物關係的一種可行假設。樹圖上的每個分枝所指向的節點可以定義由共有的許多性狀特徵聯繫在一起的物種所構成的類群。利用這些資料可以有效地建立一種系譜或系統發育關係，以代表該類群總體進化歷史的模型。例如，如果將已知每個種出現的地質年代標在模式圖上，就有可能揭示該類群的整個歷史，以及各個不同的種可能起源的大致時間。這樣，進化分枝圖就不僅僅簡單代表了各個種的空間排列，而是開始類似於真正的系譜了。顯然，以這種方法產生的這些系統發育關係實際上僅對應於可利用的數據，隨着新的、更好或更完整化石的發現，以及新分析方法的出現或舊方法的改進，這些數據以及評估它們的標準也會發生變化。

這項工作的目的是幫助繪製一幅盡可能精確的生

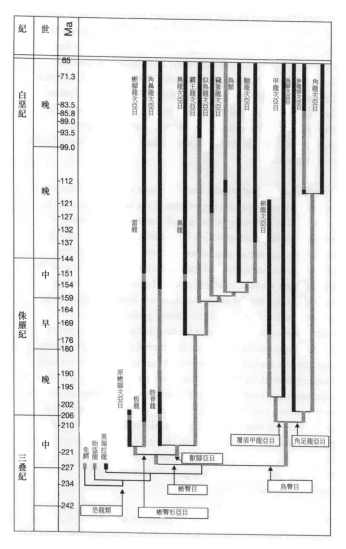

圖28　恐龍的進化分支圖

命進化歷史的圖畫，在本書的特例中，就是恐龍的進化歷史。

恐龍的進化史：簡介

對恐龍進化的這類系統研究的一個有趣例子是芝加哥大學的保羅・塞雷諾(Paul Sereno)的工作。在過去的20年裏，塞雷諾花費了大量時間研究恐龍的分類和總的進化史。圖28總結了這一工作，給我們提供了一個非常簡略的概觀。

恐龍類在傳統上被認為(正如歐文極具洞察力的預見)屬爬行動物，腿呈直立姿態，髖部和脊柱之間有特別牢固的連接，以幫助柱狀的腿有效地承擔身體的重量。這些變化賦予早期恐龍一些非常有價值的優勢：柱狀的腿可以非常有效地支持驚人的體重，因而恐龍可以長成體型巨大的動物；而且，柱狀腿可以跨越很大的步幅，這意味着一些恐龍能夠很快地移動。在恐龍統治地球的整個過程中，它們都非常有效地利用了這兩個特徵。

儘管所有恐龍都享有這些關鍵特徵，但它們還可以分成兩種不同的類型：蜥臀目(從字面上來講，就是「具有蜥蜴狀的臀部」)和鳥臀目(「具有鳥類狀的臀部」)。正如其名稱所示，這些恐龍的差別主要在於它們髖部骨骼的結構，儘管其他一些較細微的解剖特徵

在區別這兩個主要類型時也很重要。這兩個恐龍類群的最早成員都在卡尼期的岩石中(至少225Ma)得到了確認,但一直未能識別出最早的恐龍,或者不能確認最早的恐龍嚴格來說是蜥臀目、鳥臀目,還是不屬兩者中任何一類的恐龍。

蜥臀目恐龍

蜥臀目包括兩個主要類群。蜥腳形亞目以體型較大的恐龍為主,具有柱狀腿,特別長的尾巴,長脖子上長着小腦袋,頜骨上排列着釘狀的簡單牙齒,顯示它們主要以植物為食。這個亞目包括梁龍類、腕龍類(圖31)和雷龍類等巨大恐龍類群的成員。獸腳亞目與它們的蜥腳形亞目近親明顯不同。它們幾乎全部為雙足行走的恐龍(圖30、31),動作敏捷,多為肉食動物。臀部一條肌肉發達的長尾巴起着平衡身體前部的作用,使前臂和雙手可以用來自由地抓取獵物;它們的頭往往相當大,頜骨上排列着像餐刀一樣的鋒利牙齒。這一類型的變化範圍從類似美頜龍這樣通常被歸入腔骨龍類的體型頗為小巧的恐龍,一直到像霸王龍這樣頗具傳奇色彩的巨大恐龍,而其他同樣巨大且可怕的獸腳亞目包括巨霸龍、異龍、重爪龍和棘背龍。儘管這些恐龍中的某幾個可能很有名,但這一類群作為一個整體顯示出了非同尋常的多樣性,某些個例還

圖29　恐爪龍。從骨骼到肌肉的復原。或許它也具有細絲狀的覆蓋物？

相當奇特。例如，最近發現的鐮刀龍類看起來似乎是動作遲緩的巨大恐龍，手上長有像鐮刀一樣的長爪子，腹部巨大，腦袋卻小得有點滑稽，頜骨上排列的牙齒更容易使人聯想到植食性動物，而不是傳統的肉食者。但是，其他被稱為似鳥龍類和竊蛋龍類的獸腳亞目恐龍的身體結構很輕，與鴕鳥頗為相似，完全沒

有牙齒(因而像現生鳥類一樣長有喙)。在這個類群的所有恐龍中最有趣的當屬被稱為馳龍類的亞群。

馳龍類包括像迅猛龍和恐爪龍這樣的著名恐龍，以及最近發現的許多相似的、但不如它們有名的恐龍。它們的特別有趣之處在於其骨架的解剖特徵與現生鳥類非常接近；的確，相似程度如此之大，以至於它們被認為是鳥類的直接祖先。中國遼寧省一些地方引人注目的新發現展示了保存條件異常良好的獸腳亞目馳龍亞群恐龍，它們的身體覆蓋着角蛋白纖維(類似形態粗糙的毛髮)，在一些例子中，還覆蓋着像鳥類一樣的真正羽毛，這強化了它們與現代鳥類的相似性。

鳥臀目恐龍

所有鳥臀目恐龍都被認為是食草的，並且與今天的哺乳動物類似的是，它們似乎比其可能的捕食者要更多樣化，數量也更豐富。

覆盾甲龍亞目(圖28)是鳥臀目中的一個主要類群，其特點是它們的體壁上具有骨板，尾巴上裝飾有尾槌或長釘狀構造，運動方式幾乎毫無例外地為四足行走。這類恐龍包括以標誌性的劍龍(因其極小的腦袋、背上排列的大骨板，以及長釘狀的尾巴而著名，參見圖31)命名的劍龍類，以及披有重甲的甲龍類，它包括像真板頭龍這樣的恐龍。後者是像坦克一樣的巨

圖30 三疊紀的蜥臀目恐龍。早期獸腳亞目腔骨龍和蜥腳形亞目板龍。

圖31 侏羅紀鳥臀目的覆盾甲龍亞目：多刺龍和劍龍。蜥臀目的獸腳亞目異龍和蜥腳形亞目腕龍。

大動物，身上覆蓋有非常厚重的甲板，甚至眼瞼上都有骨片加固，尾巴末端長有一個巨大的骨質尾槌，據推測可能用它來擊打潛在的捕食者。

　　角足龍亞目（圖28）與覆盾甲龍亞目差別很大。它們的典型特徵是體重很輕，不披甲，雙足行走，但也有少數的確又回復到四足行走的運動方式。鳥腳次亞目是角足龍亞目中的一個主要類群。這些恐龍中多數體型中等大小（2–5米長），數量相當豐富（很可能填補了今天的羚羊、鹿、綿羊和山羊所佔據的生態位）。這些動物，例如棱齒龍，在臀部保持平衡（就像獸腳亞目一樣），具有適於快速奔跑的細長腿和能抓握的手，此外最重要的是，其牙齒、頜骨和面頰適於吃植物性食物。在恐龍統治地球的整個時期，小型至中等大小的鳥腳次亞目恐龍相當豐富，但在中生代期間，許多較大型的恐龍演化出來；它們被稱為禽龍類（因為其中包括像禽龍這樣的動物）。在所有禽龍類中，最重要的是北美和亞洲晚白堊世特別眾多的鴨嘴龍類。在這些恐龍中，有些（但不是所有的）確實具有很像鴨嘴形態的口鼻部，另一些具有變化範圍很大的、頗為張揚的中空脊狀頭飾（參見第七章）；這種頭飾可能被用於在社交時發出信號，特別是發出響亮的、像喇叭一樣的聲音。頭飾龍類是角足龍亞目中的另一個主要類群，出現於白堊紀。這個類群包括奇特的腫頭龍類（「厚頭恐龍」）；它們身體的大致面貌與鳥腳次亞目恐龍十分相

似，但它們的頭看起來很奇特——大多數頭頂上有一個高高的骨質隆起，看起來隱約有點像鴨嘴龍類的頭飾，只是腫頭龍類的頭飾是由實心的骨骼構成的。有人認為這些恐龍是白堊紀地球上「以頭相撞的動物」——或許以類似於今天的某些偶蹄動物那樣的方式。

最後還有角龍次亞目，這一恐龍類群包括序言中提到的傳說中的原角龍，以及著名的三角龍(「長有三隻角的臉」)。它們的頜骨前端都長有狹窄的單個喙，頭骨的後緣往往具有皺領狀的骨質頸盾。雖然它們中有些——特別是早期類型——保持了雙足行走的生活方式，但相當多的種類身體長得很大，具有增大的頭部，頭上裝飾有褶邊似的巨大頸盾，眉毛部位和鼻子上長有大角。它們巨大的身體和沉重的頭部導致其採用了四足行走的姿態。另外，人們還注意到了它們與現代犀牛的相似性。顯然，正如這個過於簡短的概述所示，根據過去200多年所獲得的發現來判斷，恐龍數量多、種類雜。即使到目前為止已有大約900個恐龍屬為人們所知，這也僅僅是中生代統治地球1.6億年的恐龍中的極小部分。遺憾的是，這些恐龍中有許多將永遠不會為人們所瞭解：它們的化石根本沒有保存下來。另一些將會在未來的日子裏被堅韌不拔的恐龍獵人們找到。

恐龍分類學和古生物地理學

這類研究可能產生有趣的、有點令人意想不到的副產品。這裏要提及的一個副產品將系統發育學與地球的地理歷史聯繫了起來。事實上，地球可能對生命的總體模式產生了深遠的影響。

地球的地質年代表是通過悉心分析裸露於世界各地的岩石序列的相對年齡而拼接起來的。有助於完成這個過程的一個重要因素是岩石中所包含的化石證據：如果採自不同地區的岩石中含有種類完全相同的化石，那麼就可以相當有把握地認為這些岩石具有同樣的相對年齡。

以大致相同的方式，來自世界不同地區的化石相似性的證據開始顯示，各個大陸的位置可能不像今天看起來那麼固定。例如，有人注意到，南大西洋兩岸的岩石以及其中包含的化石似乎非常相似。而在巴西和南非面貌極為相似的二疊紀岩石中都發現了一類小型水生爬行動物，即中龍。早在1620年，弗朗西斯·培根(Francis Bacon)就指出，美洲、歐洲和非洲的海岸線看起來非常相似(參見圖32d)，就好像它們能像兩塊巨大的拼板玩具一樣組合起來。基於化石、岩石以及總體形態相一致的證據，德國氣象學家艾爾弗雷德·魏格納(Alfred Wegener)於1912年提出，在過去的年代裏，地球上的各個大陸一定佔據着與它們今天所處的

地方不同的位置，例如，在二叠紀時期，美洲與歐洲和非洲緊靠在一起。由於魏格納不是一位經過訓練的地質學家，他的觀點被人們忽略了，或者被認為是無意義的和無法證明的猜測而不予接受。儘管它的說服力似乎不言而喻，但魏格納的理論缺乏一種機制：常識告訴我們，不可能在地球的固體表面移動像大陸那麼大的物體。

然而，常識被證明是靠不住的。在20世紀50年代和60年代，一系列的觀察資料積累起來，支持了魏格納的觀點。首先，所有主要大陸的詳細模型顯示，它們的確可以非常完美地組合在一起，其一致性無法以偶然來進行解釋。第二，當各個大陸像拼板玩具一樣重新組合在一起時，不同大陸的主要地質特徵是連續的。最後，古地磁極的證據證明了海底擴張現象——即大洋底像巨大的傳送帶一樣承載着各個大陸移動，大陸岩石地磁的歷史遺跡亦證實，各個大陸確實在時間的長河中發生了移動。實際上，推動大陸移動的「發動機」就是地球內部地核中的熱量以及地幔層中岩石的流動性。板塊構造理論解釋了隨着時間的推移，各大陸在地球表面移動的現象，現在這個理論已經得到了普遍接受和證實。

從恐龍進化的觀點來看，板塊構造理論所帶來的啟示非常有趣。主要依據古地磁和詳細的地層學研究而對過去各大陸形態所進行的重建顯示，在所有大陸

起源的時候，它們都聚集在一起，是一個單一的巨大陸塊，稱為泛古陸（「整個地球」）（圖32a）。可以說這時恐龍能夠在地球上到處漫步，而與這種現象相對應的情形是，種類頗為相似的化石遺存（獸腳類和原蜥腳類）在幾乎所有的大陸上都有發現。

在隨後的時期，即侏羅紀（圖32b）和白堊紀（圖32c），很明顯，力量超強的地殼構造傳送帶緩慢但不停地使泛古陸扭曲、瓦解，超級大陸開始分裂。這個過程的最終結果是，在白堊紀結束的時候，儘管在地理佈局上仍存在差異（特別注意圖32c中印度的位置），但地球上已出現了一些我們看起來非常熟悉的大陸。

根據化石判斷，最早的恐龍似乎分佈於泛古陸的大多數地區。然而，在侏羅紀和隨後的白堊紀時期，實際情況顯然是，統一的超級大陸逐漸被湧入其間的海道分開，成為和大陸一般大小的碎塊，這些碎塊又逐漸漂移、分離。

大陸分離這一固有（受地球制約的）過程在生物學上的一個必然結果是，曾經世界性分佈的恐龍居群開始逐漸分化和隔離。隔離現象是生物進化的基礎之一——一旦被隔離，生物種群往往會經歷進化的過程，以適應它們周圍環境的局部變化。在本書的例子中，雖然我們涉及的是比較廣大的地區（大陸），但每個陸塊都包含着自己的恐龍居群（以及相關的動物和植物群）；隨着時間的流逝，每個居群都有機會獨立

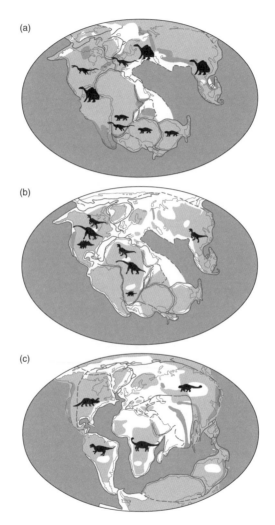

(a)

(b)

(c)

圖32 變化的大陸。a. 三叠紀時期，被稱為泛古陸的單一超級大陸。b. 中侏羅世時期。c. 早白堊世時期。注意，隨着各個大陸彼此分開，恐龍的外貌變得越來越多樣化。

(d)

圖32(d)　今天的各個大陸。如果將大西洋封閉，美洲和西非便會完美地組合在一起。

進化，以適應環境的局部變化，這些變化是由諸如緯度、經度、附近的洋流以及盛行的大氣條件等因素的逐漸變化而引起的。

　　邏輯推理告訴我們，實際情況顯然應該是，中生代的大陸構造事件影響了恐龍進化歷史的範圍和總體模式。的確，隨着時間的推移，祖先類群的逐漸分化一定在很大程度上加速了該類群作為一個整體的多樣化，這樣的推測似乎非常合理。正如我們可以用進化分枝圖來代表恐龍的系統發育關係，我們也可以將整個中生代地球的地理歷史描述為隨着各個大陸區域與泛古陸地球「祖先」的脫離而產生的一系列分枝事件。當然，這一大致的方法只是對真正地球歷史的簡化，因為有時大陸塊會拼接在一起，使先前相互隔離的

種群融合起來。但至少作為初步概括，它為研究地球歷史上一些更大規模的事件提供了一個豐饒的領域。

如果這個恐龍自然歷史的模式大體上是真實的，我們也許可以期待通過調查各種恐龍的詳細化石記錄，以及整個中生代大陸分佈的構造模式來發現某些支持它的證據。這種研究方法近年來已得到發展，用於探索恐龍進化歷史上出現的一致模式，以及它們的進化歷史是否與其地理分佈相呼應。

鳥腳次亞目恐龍的進化

這一研究領域的最早工作開始於1984年，所涉及的是一類與我們所熟悉的禽龍關係相當密切的恐龍類群。這類恐龍在總體上被稱為鳥腳次亞目（「鳥類般的腳」——源自這些恐龍足部結構與現代鳥類表面上的細微相似性）。通過詳細比較當時已知的許多鳥腳次亞目恐龍的解剖特徵，得出了一個進化分枝圖。為了將這個分枝圖轉化為真正的系統發育關係，還需要將該類群已知的時間和地理分佈標在分枝圖上。

通過這樣的分析，這些鳥腳次亞目恐龍的歷史呈現出一些令人驚訝的模式。首先，它似乎表明，與禽龍親緣關係最近的類型（就是被稱為禽龍類的類群中的成員）及與其關係最近的近親（鴨嘴龍科的成員）的起源很可能是晚侏羅世時期大陸分離的結果。可能演化出

這兩個類群的祖先居群在這個時期被一條海道分開。伴隨着這次隔離，一個居群在亞洲演化成鴨嘴龍類，而禽龍類則在其他的地方演化。這兩個類群從晚侏羅世到早白堊世時期似乎是彼此獨立演化的。然而，在白堊紀的後半段，亞洲又與北半球的其他各大陸重新連接在一起，於是生活在亞洲的鴨嘴龍類顯然能夠幾乎不受阻擋地擴散到整個北半球，無論在哪裏接觸到禽龍類，便將它們取而代之。

雖然禽龍類在晚白堊世時期被鴨嘴龍類替代的模式看起來相當一致，但還有一兩個令人迷惑的反常現象需要進行研究。

曾經有一些寫於20世紀初的報告，描述了產自歐洲(主要是法國和羅馬尼亞)白堊紀最晚期岩石中的禽龍類。從上面的分析可知，這類恐龍應該不會存活到晚白堊世時期，因為在任何其他地區，進化模式都是鴨嘴龍類替代了禽龍類。20世紀90年代早期，人們在羅馬尼亞的特蘭西瓦尼亞地區發現了保存最為完好的這類恐龍化石。然而，系統發育分析促使考察隊重新調查這些發現。新的研究證明，這種恐龍不是禽龍的近親，而是代表了鳥腳次亞目一個較原始類群的延續時間異常持久的(殘遺種)成員。這類恐龍被賦予了一個全新的名字：查摩西斯龍。因此，初步分析的成果之一是有關一類古老的、但顯然不為人們所深入瞭解的恐龍的大量新資料。

發表於20世紀50年代的一篇報告指出，在早白堊世時期的蒙古生活着一類與禽龍非常相似的恐龍。這篇引人浮想連翩的報告也需要進一步調查，以檢驗這類恐龍異常的地理分佈範圍——亞洲早白堊世時期——究竟是真實的，還是像羅馬尼亞的例子一樣，又是一個錯誤鑒定其類別的事例。這份破碎的化石材料保存在莫斯科的俄羅斯古生物博物館，必須對其進行重新檢驗。得到的結果又一次出乎預料。這次早先的報告被證明是正確的，禽龍屬本身似乎確實存在於早白堊世時期的蒙古，那裏發現的化石碎塊與歐洲非常知名的禽龍沒有區別。

這第二個發現與1984年的分析中所建立的進化和地理假說並不完全一致。的確，近年來在亞洲以及北美能被最恰當地描述為「中」白堊世的時期出現了一批非常有趣的類似禽龍的鳥腳次亞目恐龍。這些最近的、正在不斷積累的證據表明，最初的進化和地理模式存在許多重大缺陷，而後續的研究和新的發現會使這些缺陷逐漸暴露出來。

恐龍：全球展望

近年來，這個方法得到了更為廣泛的應用，目標也更為遠大。倫敦大學學院的保羅·厄普丘奇（Paul Upchurch）和劍橋的克雷格·胡恩（Craig Hunn）希望通

過考查大量的恐龍來探索整個恐龍類的系譜樹，以便尋找地層分佈模式以及進化分枝模式中相似性的證據。他們接着又將研究結果與當前確立的在整個中生代的時間段內大陸的分佈相比較，試圖查明是否的確存在一個總的信號，表明地殼構造格局對整個恐龍進化歷史的影響。

儘管這個研究體系中不可避免地存在「雜音」——主要是由於恐龍化石記錄的不完整而引起的，但令人鼓舞的是，研究者注意到在中侏羅世、晚侏羅世和早白堊世的時間段內出現了統計學上有效重合的模式。這說明，正如我們所預料的那樣，地殼構造事件的確在決定特定的恐龍類群繁盛的地點和時間方面起到了某些作用。不僅如此，這種作用在其他生物化石的地層和地理分佈中也保存下來了。因此可以說，大量生物樣本的進化歷史都受到了地殼構造事件的影響，而且其印記至今仍伴隨着我們。從某種意義上來說這並不新鮮。我僅需指出有袋類哺乳動物的不尋常分佈（現今僅發現於美洲和澳大拉西亞），以及現代世界的不同地區都擁有自己特有的動、植物群這樣的事實。這項新的研究給予我們的啟發是，我們可以比自己曾料想的更精確地追蹤這些分佈的歷史原因。

第五章
恐龍和熱血

恐龍的許多研究領域引起的關注度遠遠超出了人們對這些動物純學術興趣的範疇。這一普遍興趣的出現似乎是由於恐龍喚起了公眾的想像力，幾乎沒有其他對象能有這種魅力。以下各章節集中介紹這些主題，以便闡明在我們試圖解開恐龍及其生物學之謎的過程中所運用的極為多樣的研究方法和信息類型。

恐龍：熱血、冷血，還是不冷不熱的血？

正如我們在第一章中所看到的，理查德·歐文在他發明「恐龍」一詞的時候，就對恐龍的生理特徵進行了推測。從他科學報告相當冗長的最後一句摘錄大意如下：

> 恐龍……也許可以斷定……能較好地適應陸地生活……接近於現代內溫脊椎動物[也就是現生哺乳動物和鳥類]的特徵。（歐文 1842：204）

儘管歐文為水晶宮公園創造的「似哺乳動物」的

恐龍復原模型明顯反映了他的觀點，但當時他所暗示的生物學含意卻從未被其他科學工作者所領會。從某種意義上說，歐文富有遠見的分析被理性的亞里士多德邏輯中和了：恐龍在結構上屬爬行動物，因此它必然皮膚有鱗，產帶殼的卵，而且，像所有其他已知爬行動物一樣，是「冷血」（外溫）動物。

將近50年以後，托馬斯‧赫胥黎提出了與歐文相似的觀點。他認為，應該將鳥類和恐龍看作是近親，因為現生鳥類、已知最早的化石鳥類始祖鳥和新發現的小型獸腳亞目恐龍美頜龍之間表現出了相似的解剖特徵。他推斷：

> ……一點也不難想像一類完全介於鴯鶓和美頜龍[一種恐龍]之間的動物……以及這個假說，即……鳥綱的祖先是恐龍類爬行動物……（赫胥黎1868：365）

如果赫胥黎是正確的，那麼可能就會有人提出這樣的問題：恐龍究竟是傳統的爬行動物（在生理學意義上），抑或它們與「熱血」（內溫）的鳥類關係更密切？這樣的問題似乎沒有顯而易見的解答方法。

儘管有這樣頗具智慧的「暗示」，但在赫胥黎的文章發表將近一個世紀以後，古生物學家才開始以更大的決心尋找可能與這個中心問題相關的資料。與對該主題重新恢復的興趣相呼應的是，人們採用了更廣

泛和更綜合的方法來解釋化石記錄：即正如第二章中所概述的，古生物學新流派的興起。我們看到羅伯特·巴克是如何將一些範圍廣闊的觀察聯繫在一起，成為恐龍具有內溫性的證據的。現在，就讓我們更詳細地評述這些觀察以及其他論據。

新的研究方法：將恐龍作為氣候指示器？

研究者們曾試圖探究在多大程度上可以用化石來重建古代地球的氣候。人們普遍認為，內溫動物(主要是哺乳動物和鳥類)並不是特別好的氣候指示器，因為從赤道到極區，到處都可以發現它們的蹤影。它們內溫的生理特徵(以及巧妙運用身體隔熱的方式)使得它們的日常活動或多或少不受主要氣候條件的限制。相反，外溫動物，例如蜥蜴、蛇和鱷魚，則依賴於周圍的氣候條件，因而它們主要生活在較溫暖的氣候帶中。

運用這一方法來檢驗化石記錄中明顯的外溫動物和內溫動物的地理分佈被證明是有益的，但另一方面也產生了幾個有趣的問題。例如，在二疊紀和三疊紀時期，內溫哺乳動物在進化上的直接祖先是怎樣的？它們也能夠控制自己身體內部的溫度嗎？如果能，那麼這會如何影響它們的地理分佈？而且就本文而論，更加突出的問題是，恐龍似乎具有廣泛的地理分佈，那麼這是否意味着它們能夠像內溫動物那樣控制自己的體溫？

化石記錄中的模式

巴克探討恐龍內溫性的基礎是中生代早期動物類型演替的模式。在一直到三疊紀末的這段時間內，下孔類爬行動物顯然是陸地上最豐富多樣的動物。

恰在三疊紀結束、侏羅紀開始的時候(205Ma)，地球上出現了最早的、真正的哺乳動物，以齟鼱這樣的小型動物為代表。與其完全相反的是，三疊紀晚期也記錄了最早的恐龍的出現(225Ma)，而且在越過三疊紀/侏羅紀的界線之後，恐龍變得分佈廣泛，種類分化，而且顯然是陸生動物群中佔優勢的成員。這種生態平衡——稀少、小型、很可能是夜間活動的哺乳動物和豐富、大型，以及越來越多樣化的恐龍——從那時起一直保持了1.6億年，直到白堊紀末(65Ma)。

作為生活在現今的動物，我們所熟悉的一個概念是，哺乳動物連同鳥類是最引人注目和分異度最大的陸生脊椎動物。不言而喻，哺乳動物是行動迅速、有智慧、通常適應能力很強的動物，而我們將其在當今的「成功」主要歸因於它們的生理特徵：允許它們保持較高而恒定的體溫的較高基礎代謝率、複雜的身體化學組成、比較大的大腦和由此而擁有的較高的活動水平，以及它們作為內溫動物的地位。相反，我們通常注意到，爬行動物的分異度要小得多，而且非常明顯地受到氣候的限制；這主要有如下原因，即它們具

有很低的代謝率，依靠外部的熱源使身體保持溫暖，從而保持化學活性，並且具有很低的和間歇性的活動水平：一句話，歸因於它們的外溫狀態。

　　無可否認，這些觀察是很籠統的，但能使我們對化石記錄有一些預測。在所有條件都相同的情況下，我們會預期，如果真正的哺乳動物在三疊紀/侏羅紀之交首次出現在本來被爬行類動物統治的地球上，將引發前者迅速的進化崛起和多樣化，而後者面臨的情況卻相當不利。因此預計哺乳動物的化石記錄應該在早侏羅世時表現出數量和多樣性的快速上升，直到它們完全主宰中生代的生態系統。然而，化石記錄卻顯示了截然相反的模式：（屬爬行類的）恐龍興起，在晚三疊世（220Ma）佔據了統治地位，而哺乳動物只是在白堊紀末期（65Ma）恐龍走向絕滅以後才開始在規模和多樣性上有所擴大。

　　巴克對這一系列違反直覺的事件所作的解釋是，面對真正的哺乳動物的威脅，恐龍只有在擁有像內溫動物一樣高的基礎代謝率、能夠像同時代的哺乳動物一樣活躍和有智謀的情況下，才能取得進化上的成功。恐龍必須是活躍的內溫動物——對於巴克來說，這是一個不證自明的真理。儘管化石記錄所展現的模式確實很清楚，但支持他的「真理」的科學證據仍需收集和檢驗。

腿、頭、心臟和肺

　　恐龍的腳垂直於身體之下，長在直立、柱狀的腿上。在現生動物中，只有鳥類和哺乳動物也採取這種姿態；其他所有動物都是腿朝身體側面伸出「趴臥」。許多恐龍也具有纖細的四肢，身體結構明顯適於快速運動；這一系列的論據反映了這樣的事實，即自然界往往不做不必要的事情。如果一個動物的身體結構看起來能夠快速奔跑，那麼它很可能就是這樣的；因此預測這樣的動物擁有一個充滿活力的「發動機」，即內溫的生理特徵，使得它能夠快速移動，這或許看上去就是合理的。然而，我們的確需要小心，因為事實上外溫動物也可以非常迅速地移動——鱷魚和科摩多巨蜥可以追上並抓住毫無戒備的人類！關鍵在於，鱷魚和科摩多巨蜥並不能持續快速奔跑——它們的肌肉很快就會積累大量氧債，於是該動物就不得不休息，以使肌肉得到恢復。相反，內溫動物能夠快速移動的時間要長得多，因為它們高壓的血液系統和高效的肺可以很快補充肌肉中的氧。

　　對這一論據進一步細化，可以聯想到雙足行走的能力是內溫動物所獨有的；許多哺乳動物、所有鳥類，以及許多恐龍都是兩足動物。這一論據不僅與姿態有關，而且關係到如何保持這個姿態。四足着地的好處是行走的時候相當穩定。而雙足動物天生不穩

定，要想順利行走，就必須有一個複雜的傳感系統來控制平衡，還要有一個敏捷的協調系統(大腦和中樞神經系統)，以及反應迅速的肌肉，來調整和保持平衡。

大腦是這整個動力「問題」的中心，必須具備持續快速和高效工作的能力。這意味着身體能夠提供恒定的氧、食物和熱量補給，以使大腦的化學組成一直保持最佳的工作狀態。這種穩定性的先決條件就是「平穩」的內溫生理機能。外溫動物週期性地停止活動(例如在寒冷的時候)，並減少對大腦的營養供應，因而大腦必然較不複雜，且與整個身體的功能緊密結合在一起。

另一個與姿態有關的觀察可以與心臟的效率及其承受高水平活動的潛力聯繫在一起。許多鳥類、哺乳動物和恐龍採取了直立的身體姿態，其頭部的位置通常保持在略高於心臟的水平上。頭和心臟位置的差異具有重要的流體靜力學意義。由於頭位於心臟之上，動物必須能以較高的壓力將血液輸送到「上面」的大腦中。但每次心跳的同時從心臟輸送到肺部的血液必須以較低的壓力循環，否則就會使佈滿肺部的脆弱毛細血管破裂。為了實現這個壓力差，哺乳動物和鳥類的心臟實際上從中間分隔開了，因而心臟的左側(體循環，或者說頭和身體的循環)運轉時的壓力比右側(肺循環)高。

所有現生爬行動物的頭部都與它們的心臟處於大

致相同的水平上。它們的心臟不像哺乳動物和鳥類那樣從中間分隔開，因為它們不需要區分體循環和肺循環。奇怪的是，爬行動物的心臟和循環系統為這些動物帶來了好處；它們能夠以哺乳動物所不具備的方式向身體各處分流血液。例如，外溫動物花大量時間曬太陽，以使身體暖和起來。在曬太陽時，它們可以優先將血液分流到皮膚，以更好地吸收熱量(頗像太陽能電池板中央加熱管中的水)。這個系統的主要缺陷是血液不能在高壓下循環——而對於任何行為非常活躍、必須將食物和氧供應給辛勤工作的肌肉的動物來說，這都是一個必不可少的特徵。

綜合所有這些因素得出的結論是，由於其身體的姿態，恐龍具有高壓的血液循環系統，這與僅發現於現生內溫動物中的較高且穩定持久的活動水平相一致。這些更全面和詳盡的考慮因素極大地支持了理查德·歐文引起爭議的推測。

與心臟和血液循環系統效率密切相關的應該是給肌肉供應足夠的氧的能力，以使動物能夠進行高水平的有氧活動。在一些恐龍類群中，尤其是獸腳亞目和巨大的蜥腳形亞目恐龍，存在某些與肺部結構和功能有關的解剖跡象。在蜥臀目(而不是鳥臀目)恐龍的這兩個類群中，脊柱的椎骨側面有明顯的袋狀或腔狀痕跡(稱為側腔)。孤立地看，這些特徵也許不會引起特別的注意；然而，現生鳥類顯示了相似的特徵，也就

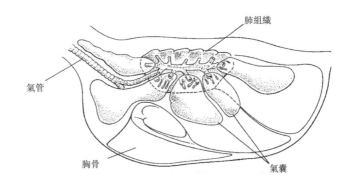

肺組織

氣管

胸骨

氣囊

圖33　鳥類的氣囊提供了非常高效的呼吸系統

是氣囊的存在。氣囊是一個像風箱一樣的結構中的一部
分，它使得鳥類可以非常有效地呼吸。蜥臀目恐龍極有
可能擁有像鳥類一樣的肺，因而它們的肺非常高效。

　　這一觀察結果無疑支持了某些恐龍(獸腳亞目和蜥
腳形亞目恐龍)具有保持高水平有氧活動能力的論點。
然而，它也強調了這樣一個事實，即不能認為所有恐
龍(蜥臀目和鳥臀目)的生理機能在所有方面都是相同
的，因為鳥臀目沒有顯示出氣囊系統的跡象。

恐龍的「複雜性」和大腦容量

　　儘管以下的一連串論據對於恐龍來說並不具有普
遍性，但它們在顯示某些恐龍具有哪些能力等方面是
有意義的。典型的例子是約翰·奧斯特羅姆的馳龍類

的恐爪龍（圖29）。正如在第二章中所總結的，這類恐龍是大眼睛、視覺良好的捕食者，從其四肢比例和大致體型判斷，它顯然能夠快速奔跑。此外，它有一條奇特的窄而僵硬的尾巴，後腿長有像魚叉一樣突出的內趾，以及長有鋒利的爪子並且能抓握的長前肢。人們認為這種動物按其身體結構應屬追擊型捕食者，能用狹窄的尾巴幫助保持動態平衡（將尾巴向一側或另一側拍打可以使該動物極為迅速地改變方向），很有可能迅速撲向獵物，然後用後腿上的爪子使其失去反抗能力，這些看法並不是毫無道理的。我們從未見過活動中的恐爪龍，但這個情景依據的是骨架上可觀察到的特徵，同時也得到了一件發現於蒙古的不尋常化石的部分支持。

這塊化石包含了兩隻恐龍，小型的食草角龍類原角龍和一個叫做迅猛龍的恐爪龍近親。這件與眾不同的標本顯示，這兩隻恐龍陷入了生死搏鬥；它們可能是在互相格鬥的時候在塵暴中窒息而死。化石中的迅猛龍用伸長的前臂緊緊抓住獵物的頭，正要向它不幸的受害者的喉嚨踢去。這種在身體結構、（推測出的）功能以及生活方式上的全方位的「複雜性」強有力地表明，它們的活動水平與現代內溫動物所展現出來的活動水平更為相似。

哺乳動物和鳥類的大腦都很大，而且兩個類群都表現出看起來頗有智慧的行為，這在討論有關恐龍雙

足運動能力時所呈現出的一些論據中有所反映。相反，外溫的爬行動物具有較小的大腦，通常沒有智能超凡的聲譽(雖然這在某種程度上是我們的杜撰)。然而，大腦總容量與內溫性之間似乎的確存在普遍的聯繫。較大的大腦是高度複雜的結構，為了有效運轉，它需要不斷的氧和食物供給，還要保持恒定的溫度。外溫爬行動物顯然能夠有效地給自己的大腦提供食物和氧，但它們的體溫會在正常的24小時週期內不斷變化，因此它們不能滿足一個大而複雜大腦的需要。

傳統上認為，恐龍缺乏腦力是出了名的(劍龍像胡桃一般大小的腦經常被作為典型例子引用)。然而，芝加哥大學的吉姆·霍普森(Jim Hopson)做了大量工作來糾正這個在某種程度上錯誤的觀點。霍普森通過比較包括恐龍在內的一系列動物腦容量與身體體積的比值，證實了大多數恐龍都具有相當典型的爬行動物尺寸的大腦。然而，有些恐龍的「大腦區域」出人意料地得天獨厚——或許並不令人驚訝，它們就是高度活躍、雙足行走的獸腳亞目恐龍。

緯度分佈

本章開始的時候曾提到過，繪製分佈數據圖是從事恐龍生理狀況研究的推動力之一。最近，有研究報告記敘了出自北美育空地區以及澳大利亞和南極洲的

許多恐龍。這些區域在白堊紀時期應該都屬各自的極地範圍，並且一直被用來支持恐龍要想存活下來就必須是內溫動物的觀點。畢竟，今天的情形顯然是，外溫的陸生脊椎動物無法在這樣高的緯度生活。

然而，進一步的認真研究發現，這些觀察結果並不像它們初看起來那麼令人信服。來自植物化石記錄的證據表明，在白堊紀時期，這些極地區域生存着地中海和亞熱帶類型的植物。異乎尋常的是，這些植物共有季節性落葉的特徵，很可能是適應冬季較低的光線水平和溫度的結果。白堊紀時的地球沒有顯示出存在極地冰蓋的證據，很可能甚至在高緯度地區，起碼夏季氣溫是非常溫和的。在這種環境下，食草的恐龍極有可能依季節變化而向北或向南遷徙，以便利用豐富的牧草。因此，在中生代緯度很高的地區發現它們的化石遺跡可能只是反映了它們遷徙的範圍，而不是在極地的定居。

生態因素

測量中生代的群落結構是巴克在尋找恐龍生理機能替代模式的過程中提出的最具創新性的觀點之一。這個想法說來十分簡單：內溫動物和外溫動物生存所需要的食物總量有所不同 —— 這個總量反映了與作為內溫動物或外溫動物相關的基本「運行成本」。內溫

動物，例如哺乳動物和鳥類，具有較高的運行成本，因為它們吃掉的大部分食物（超過80%）都燃燒了，以保持身體的溫度。相反，外溫動物所需的食物要少得多，因為它們只用很少的食物為身體產生熱量。大致說來，在身體大小相同的情況下，外溫動物僅需要內溫動物食物需求量的大約10%，有時則更少。

根據這個觀察結果，以及認為自然界總的經濟體制往往是保持供給和需求大體平衡的觀點，巴克提出，對化石群落的種群普查或許能顯示捕食者和獵物之間的平衡，也能揭示這些動物的生理機能。他詳細考察了各博物館的標本，收集他所需要的資料。這些資料包括遠古（古生代）爬行動物、恐龍（中生代）和相對較近的（新生代）哺乳動物群落。他的結果似乎很令人鼓舞：古生代的爬行動物群落顯示捕食者和獵物的數量大致均等；相反，恐龍和新生代哺乳動物群落顯示被捕食動物佔優勢，捕食者的數量則非常少。

最初，這些成果引起了科學界的關注；然而現在，原始資料的價值引起了頗多懷疑。利用博物館的標本來估計捕食者或被捕食者的數量是極不可靠的：首先，沒有證據顯示被統計的動物都生活在一起；從博物館當時收藏甚麼（或不收藏甚麼）的角度來說，存在着很大程度的傾向性；有關捕食動物吃甚麼或不吃甚麼，學者作出的都是形形色色的假設；而且，即使存在某些生物學信息，也必然是僅適用於捕食動物

的。此外，對現生外溫捕食動物及其獵物的群落所做的研究顯示，捕食動物可能少至它們潛在獵物數量的10%，與巴克所推測的內溫動物群落的比例相仿。

這是一個由於資料原因無法產生有任何科學意義的結果，而使一個充滿智慧的想法令人惋惜地不能獲得支持的極好例子。

骨組織學

研究者對瞭解恐龍骨骼的內部詳細結構給予了極大的關注。恐龍骨骼的礦物結構一般不受石化作用的影響。因此，通常可以製作骨骼的薄片，揭示骨骼內部結構（組織結構）的驚人細節。初步觀察顯示，恐龍骨骼的內部結構與現生內溫哺乳動物的骨組織極為相似，而不同於現代外溫動物。

大體上說，哺乳動物和恐龍的骨骼顯示了高度的血管化（它們是多孔狀的），而外溫動物的骨骼則血管化程度很低。高度血管化的骨骼結構類型可以以不同的方式形成。例如，血管化的一個模式（羽層狀纖維化）反映了非常快速的骨骼生長階段。另一個模式（哈弗氏系統）則代表了在動物個體生命的晚些時候發生的通過重建來強化骨骼的階段。

可以肯定的是，許多恐龍化石顯示出的證據表明它們能夠快速生長，並且有能力通過內部重建來強化

其骨骼。在恐龍的生長模式中有時表現出週期性的中斷(這與現生爬行動物骨骼中所存在的間歇模式極為相似),但這種生長方式並非在所有恐龍類群中一律如此。同樣,某些內溫動物(包括鳥類和哺乳動物)顯示出血管化程度極低的骨骼結構類型(帶狀的),而現生外溫動物骨架的有些部分則可能呈現出高度血管化的骨骼,儘管這些情況出現的概率要小得多。令人不可思議的是,動物的生理機能及其骨骼內部結構之間並沒有明顯的關聯。

恐龍的生理機能:概述

上述討論舉例說明了在試圖研究恐龍新陳代謝的過程中所運用方法的範圍和種類。

羅伯特‧巴克在評價早侏羅世哺乳動物在陸地上被恐龍所取代的意義時採取了不加懷疑的態度。他主張,這個模式只能這樣解釋,即恐龍能夠與他的「高級」內溫哺乳動物模型相抗衡;而要做到這一點,它們就必須是內溫動物。這是真的嗎?實際上答案是:不……不一定。

在三疊紀結束、侏羅紀剛剛開始的時候,地球對於作為哺乳動物的人類來說並不是一個特別適宜居住的世界。當時泛古陸的大部分地區都受到季節性的、但總的來說乾旱的氣候條件的影響,沙漠在全球廣泛

分佈。這種溫度高、降雨量小的環境以極不相同的方式對內溫和外溫的代謝作用施加選擇性的壓力。

正如前面所討論的，外溫動物所需要的食物比內溫動物少，因而在生物生產率低的時候倖存的可能性更大。爬行動物的皮膚上長有鱗片，在乾旱的沙漠環境下可以極大地防止水分丟失；它們也不排尿，而是排泄乾燥的麵糊狀物質(與鳥糞相似)。較高的周圍環境溫度對於外溫動物來說很有利，因為它們內部的化學性質在最適宜的溫度下可以相對容易地保持下來。總而言之，可以預測，按典型的爬行動物模式構成的外溫動物能夠很好地克服像沙漠這樣的環境條件。

內溫動物，例如哺乳動物，在高溫條件下會受到生理應力的作用。哺乳動物「適應」了從身體向周圍環境散熱(它們身體的恒溫調節裝置使它們保持着高於正常環境溫度的平均體溫)，並相應地調節它們的生理機能。在冷的時候，哺乳動物可以通過豎起毛髮阻擋空氣，因而增強隔熱效率來減少熱量從身體散失；利用「顫抖」使肌肉迅速產生額外的熱量，或者提高基礎代謝率。然而，在周圍環境溫度很高的情況下，向環境散熱以防止致命過熱的需要就變得至關重要了。蒸發冷卻是少數可利用的選擇之一；這可以通過喘氣或皮膚表面排汗來實現。這兩個過程都要從身體流失大量的水分。在水供應不足的沙漠環境下，水分流失的結果可能是致命的。使問題進一步複雜化的因

素是，哺乳動物通過排尿將代謝的分解產物從身體排出，也就是通過含水溶液將廢物沖出體外。除了熱負荷和水分流失等問題，哺乳動物還需要大量的食物來維持它們內溫的生理機能。沙漠是生產率很低的地區，因而食物供應有限，不能支持大量的內溫動物種群。

從單純環境的觀點來看，晚三疊世/早侏羅世的世界或許是異乎尋常的。那個時候的環境很可能更有利於外溫動物，並將早期哺乳動物限制在很小的體型和以夜間活動為主的生態位。在現今的沙漠中，幾乎所有的哺乳動物（除了駱駝這一著實不同尋常的動物之外）體型都很小，且全部為夜行性的齧齒類和食蟲類。它們通過穴居在沙漠表面之下挺過白天的極度炎熱，那裏的條件比較涼爽、潮濕；而夜裏一旦溫度下降，它們便爬出來，利用自己敏銳的官能尋找昆蟲獵物。

隨着泛古陸開始解體，較淺的陸緣海遍佈在陸地之內和陸地之間，晚三疊世/早侏羅世極度乾旱的氣候終於得到了改善。總的氣候狀況似乎變得極其溫暖和潮濕，而且這樣的氣候條件在很寬的緯度帶內盛行。需要強調的是，在整個恐龍時代，極地區域均沒有被冰所覆蓋。與地球歷史上的大部分時期相比，我們今天居住的世界是很不尋常的，它擁有被冰覆蓋的北極和南極，因而具有緯度方向上界限非常狹窄的氣候帶。在侏羅紀這樣草木相對繁茂的環境條件下，生產率顯著提高；侏羅紀主要的含煤沉積層就是在長期擁

有茂密森林的地區埋藏的。因此，發現侏羅紀時期恐龍的分佈範圍和多樣性呈爆發式擴增或許就不令人驚訝了。

恐龍的生理機能：是唯一的嗎？

恐龍因體型巨大而引起了人們的注意；即使是身長5到10米之間的中等大小的恐龍，以一般標準來衡量也仍然是非常大的 —— 現今所有哺乳動物的平均身型可能約為貓或小狗一般大小。確實沒有像老鼠一樣大小的恐龍(除了剛孵化出來的小恐龍)。

在某些條件下，體型較大者具有優勢。最顯著的是，較大的動物向環境散熱或從環境獲得熱量的速度往往比小動物要慢得多。例如，成年鱷魚在白天和晚上保持了非常穩定的內部體溫，而新孵化的小鱷魚所顯示的體溫變化範圍則恰好反映了白天和晚上溫度的變化。因此，像恐龍一樣大小意味着在時間改變時內部體溫變化很小。大的體型也意味着保持身體姿勢的肌肉需要努力工作，以防身體被自己的重量壓垮。這種持續的肌肉「工作」會產生相當多的熱量(與我們在肌肉鍛煉以後熱得「滿臉通紅」的情形是一樣的)，而這些熱量可以幫助保持內部體溫。

除了這些身型方面的優勢，我們看到恐龍可能很敏捷，而且許多恐龍的姿態是頭通常處於遠高於胸部

的位置。這兩點表明它們很有可能擁有高效的、完全分隔的心臟，有能力使氧、食物和熱量在體內快速循環，以及清除有害的代謝副產物。蜥臀目恐龍很可能擁有像鳥類一樣的肺部系統這一事實，進一步強調了它們供氧的能力。這些氧是它們的組織在充滿活力的有氧運動過程中所需要的。假如僅僅考慮這些因素，恐龍似乎很可能擁有許多我們今天與內溫性聯繫在一起的特徵，正如現生哺乳動物和鳥類所呈現的特徵那樣。另外，恐龍通常很大，因而體溫相對穩定。它們還生活在一個全球氣候持續溫暖、季節性不明顯的時期。

實際情況可能是，恐龍是一種理想的生物類型的幸運繼承者，這一類型使它們能夠在盛行於中生代的獨特氣候條件下大量繁衍。然而，無論眼下這一主張看起來是多麼令人信服，它都沒有考慮到最近幾年出現的另一條非常重要的證據：恐龍和鳥類的密切關係。

第六章
如果鳥類是恐龍會怎麼樣？

自從20世紀70年代約翰・奧斯特羅姆富於創造力的研究工作以來，恐龍和鳥類之間關係的解剖證據到現在已非常詳細了，以至有可能重建馳龍類獸腳亞目恐龍向早期鳥類轉變的各個階段。

早期的小型獸腳亞目恐龍，例如美頜龍，具有像鳥類一樣的外貌——細長的腿、長脖子、相當小的腦袋和非常大、朝前的眼睛——儘管它們仍然保留了明顯的恐龍特徵，例如帶爪子的雙手、頜骨上長有牙齒，以及厚重的長尾巴。

馳龍類獸腳亞目恐龍

這些像鳥類一樣的恐龍顯示出許多有別於獸腳亞目恐龍身體基本結構的有趣的解剖變化。有些變化相當細微，而有些則不然。

一個值得注意的特徵是尾巴「變細」：緊密排列的細長骨骼束使尾巴變得非常狹窄和僵硬，唯一靈活的部位是臀部附近（圖16的上圖）。正如先前所討論過

的，這個細長的桿狀尾巴可能很有用，可以作為動態穩定器，幫助抓獲快速移動、難以捕捉的獵物。然而，這種類型的尾巴明顯改變了這些恐龍的姿態，因為對於身體的前半部分來說，它不再是一個肌肉發達的沉重懸臂。假如它的姿態不發生其他改變，那麼這樣一隻恐龍就會失去平衡，不斷向前摔倒，碰到鼻子！

為了補償失去的沉重尾巴的作用，這些獸腳亞目恐龍的身體結構發生了微妙的改變：標誌着腸道最後部的恥骨向後旋轉，因而與坐骨(另一個位置較低的髖部骨骼)平行，而在獸腳亞目恐龍中，恥骨通常從每個髖臼指向前下方。由於這一方向上的改變，腸道及相關器官可以向後轉動至臀部之下。這一改變使身體的重量後移，補償了失去起平衡作用的沉重尾巴的缺憾。這種恥骨向後旋轉的髖部骨骼結構不僅存在於手盜龍類獸腳亞目恐龍中，而且在現生以及化石鳥類中都可以看到。

另一個同樣微妙的用於補償失去保持平衡的尾巴的方式就是縮短臀部之前的胸腔，這種現象也見於這些似鳥的獸腳亞目恐龍。此外，胸腔還顯示出變硬的跡象，這或許反映了這些動物捕食的習性。伸長的前臂和長有三隻爪子的雙手對於抓捕和制服獵物來說是很重要的，必須非常有力。胸部區域的加強無疑可以幫助安全地固定前臂和肩部，以承受與抓緊和制服獵物相關聯的巨大力量。鳥類的胸部區域也較短並且非

常堅硬，以承受固定強有力的飛行肌所需的力量。

在胸腔前方、兩個肩關節之間，有一塊V字形骨（實際上它是癒合的鎖骨——圖17），其作用是像一塊彈簧隔板那樣將肩關節分開；在該動物與獵物搏鬥時，它也幫助將肩關節固定在適當的位置。鳥類也具有癒合的鎖骨；它們構成伸長的「願骨」，即叉骨，它同樣也起到機械彈簧的作用，在振翅飛行的時候將肩關節分隔開。

前臂和手部骨骼之間的關節也發生了改變，因而它們能夠以相當快的速度和相當大的力量向外和向下轉動，以所謂的「耙式」動作攻擊獵物。在不用的時候，前肢可以緊靠着身體巧妙地收攏起來。這一系統的槓桿作用對於這些動物來説也有相當大的好處，因為給這一構造提供動力的前肢肌肉的位置靠近胸腔，它控制着從前臂向下延伸到手部的長肌腱（而不擁有沿前肢更靠外側的肌肉）；這一遙控系統使體重更靠近臀部，幫助這些獸腳亞目恐龍將棘手的平衡問題減小到最低限度。前肢擊打和收攏的機制與鳥類在飛行過程中和飛行之後張開和閉合翅膀時所採用的方式極為相似。

始祖鳥

似鳥的早期化石始祖鳥（圖16的下圖）顯示出許多手盜龍類獸腳亞目恐龍的特徵：尾巴是一組頗為細長

圖34　始祖鳥的生活復原

的椎骨，兩側均固定着尾羽；髖部骨骼的排列形式是恥骨朝向後下方；在胸腔前面有一塊像回飛棒一樣的叉骨；頜骨上排列着小而尖的牙齒，而不是像更典型的鳥類那樣的角質喙；前肢很長，帶有關節，因而它們可以像獸腳亞目恐龍一樣伸展和收攏，雙手的三根手指上長有鋒利的爪子，在排列和比例上與手盜龍類獸腳亞目恐龍相同。

　　始祖鳥標本是在特殊環境下保存為化石的，這使得一系列飛羽印痕的精美細節展現在人們眼前。這些

長在翅膀上以及沿着尾巴兩側排列的羽毛決定了該動物被定義為鳥類：羽毛被認為是鳥類獨有的特徵。因此，毫無疑問，它指示了該動物與鳥類的親緣關係。這就是為甚麼始祖鳥被認為是如此重要的化石，以及為甚麼它一直是這類比較的焦點的原因之一。假如在這一事件中羽毛沒有得到保存下來的機會，那麼該動物可能會被怎樣分類這個問題會很有趣。它極有可能在最近幾年被重新描述為一類不尋常的小型馳龍類獸腳亞目恐龍！

中國的奇跡

20世紀90年代，對中國東北遼寧省的採石場所進行的勘查出土了一些非同尋常的、保存特別完好的早白堊世化石。最初，這些化石中包含了保存精美的早期鳥類，例如孔子鳥，並且這些骨架包含了羽毛、喙和爪子的印痕。然後在1996年，季強(Ji Qiang)和姬書安(Ji Shu'an)描述了一具完整的小型獸腳亞目恐龍骨架，它在解剖特徵和比例上與眾所周知的獸腳亞目美頜龍(圖14)十分相似。他們將該恐龍命名為中華龍鳥。這隻恐龍引起了人們的注意，因為沿着它的脊柱和整個身體邊緣分佈着細絲狀結構，表明它的皮膚上長有某種覆蓋物，類似於粗製地毯上的「軟毛」；在眼窩和腸道區域還有軟組織的證據。很明顯，一些小

型獸腳亞目恐龍具有某種類型的身體覆蓋物。這些發現促使人們共同努力在遼寧尋找更多這樣的化石；標本開始越來越頻繁地出土，並帶來了一些真正激動人心的新發現。

中華龍鳥發現之後不久，又出土了另一具骨架。這種動物被命名為原始祖鳥，它首次顯示了尾巴上及沿身體側面分佈的真正像鳥類一樣的羽毛的存在，而且它的解剖特徵比中華龍鳥更像馳龍類。另一個發現揭示了一類與迅猛龍極為相似的動物，但這次它被命名為中國鳥龍(它身上也同樣明顯覆蓋着短的細絲狀「軟毛」)。更新的發現包括尾羽龍，即一類較大的(像火雞一樣大小)、前肢相當短的動物，以其一簇顯著的尾羽和沿前肢周圍較短的羽毛而著名；較小、長有濃密羽毛的馳龍類；以及在2003年的春天，一類相當引人注目的、長有「四個翅膀」的馳龍——小盜龍被公之於世。這最後一類體型較小，是典型的像馳龍一樣的動物，具有標誌性的長而窄的尾巴、像鳥類一樣的骨盆、能抓握的長前肢，此外其頜骨上也排列着尖利的牙齒。尾巴周圍長有初級飛羽，身體上覆蓋着絨毛。然而，給人印象特別深刻的是它沿着前肢保存了飛羽，構成了像始祖鳥一樣的翅膀。頗為出人意料的是，在它腿的下部也有像翅膀一樣的羽毛邊緣——因此得到了「四個翅膀」之名。

在如此短的時間內，遼寧的採石場中接二連三地

出現了這些嶄新的、令人震驚的發現，幾乎難以想像接下來可能會發現甚麼。

鳥類、獸腳亞目，以及恐龍的生理機能問題

來自遼寧的驚人新發現對前文有關恐龍生物學和生理學特徵的討論作出了重要貢獻；但是，它們能夠回答的問題仍然無法像我們所希望的那樣多。

首先，現在已經很清楚的是，我們維多利亞時代前輩的觀點是不正確的：歸根結底，有羽毛並不等於就是鳥類。獸腳亞目恐龍中似乎廣泛存在着許多類型的皮膚覆蓋物，從粗糙的細絲狀覆蓋物，到柔軟的、類似羽毛的身體覆蓋物，再到完全成形的外表輪廓和飛羽。遼寧的發現促使我們思考這種身體覆蓋物的程度有多廣泛，不僅是在獸腳亞目恐龍中，甚至在其他恐龍類群中或許也是如此。鑒於已知身體覆蓋物的分佈，對於像霸王龍這樣的巨大恐龍（它是與中華龍鳥有親緣關係的獸腳亞目恐龍），認為其體表可能具有某種類型的覆蓋物就不是毫無道理的 —— 即使只是在它們幼年的時候。目前，這類誘人的問題尚不能得到解答，還有待於在新的地層沉積物中發現保存質量與遼寧採石場中的化石相類似的遺跡。

很明顯，相當多樣化的帶羽毛獸腳亞目恐龍和我們今天公認的真正鳥類（具有發育完好的飛行器官）在

侏羅紀和白堊紀時期共同生活在一起。始祖鳥的年代是晚侏羅世(155Ma)，它具有明顯的羽毛和鳥類一樣的外貌。然而，現在我們確切地瞭解到，在距今更近的白堊紀(約120Ma)，大量這種類型的「恐龍鳥」，例如小盜龍及其近親，與真正的鳥類共同生存。這些「恐龍鳥」如此程度的多樣性，或者說其生物豐富性令人相當困惑，在某種程度上使人難以辨別我們今天到處所見的真正鳥類的進化起源。

然而，從生理學的觀點來看，獸腳亞目恐龍存在某種類型的保溫覆蓋物的證據無可置疑地表明了這樣一個事實，即這些恐龍(至少)是真正的內溫動物。有兩個理由讓我們相信這一點：

i) 在這些帶羽毛的恐龍中，有許多體型很小(20–40厘米長)，而正如我們所瞭解的，小型動物具有相對較大的表面積，身體熱量會很快向環境散失。因此，如果這些動物的身體內部能夠產生熱量，那麼利用絲狀體(酷似現生哺乳動物身體上的皮毛)和絨羽保溫很可能就是必需的。

ii) 同樣，皮膚的外表面擁有保溫層也會使曬太陽變得即使不是不可能，至少也是相當困難的，因為保溫層會降低它們從太陽獲取熱量的能力。曬太陽是外溫動物得到身體熱量的方式。因此，一隻長有毛皮或羽毛的蜥蜴在生物學上是不可能的。

鳥類源自恐龍：進化上的述評

這些新發現的深遠意義確實引人遐想。前文已經論述過符合邏輯並帶有一定說服力的觀點，即小型獸腳亞目恐龍是高度活躍、移動迅速和在生物學上「複雜」的動物。在此基礎上，認為它們是潛在的內溫動物候選者似乎是有道理的；從某種意義上講，我們關於它們生活方式的推論表明，它們作為內溫動物會獲得最多的好處。遼寧的發現進一步證實，這些高度活躍的似鳥恐龍中，有許多是小型動物。這是至關重要的一點。小的體型給內溫動物帶來了最大的生理應力，因為身體內部所產生的熱量中有很大一部分可能通過皮膚表面散失了；因而我們可以預期，活躍的小型內溫動物會為身體保溫，以減少熱量的散失。因此，小型獸腳亞目恐龍發展出保溫層來防止熱量損失，是因為它們是內溫動物——而不是因為它們「想要」成為鳥類！

遼寧的發現顯示，各種類型的保溫覆蓋物演化出來，這最有可能是通過巧妙改變正常皮膚鱗片的生長模式而實現的；這些類型包括從類似毛髮的絲狀體，到發育完全的羽毛。真正像鳥類一樣的飛羽很有可能不是為了飛行的目的而演化的，而是出於平淡無奇的緣由。產自遼寧的幾個「恐龍鳥」在尾部末端似乎長有成簇的羽毛(很像藝妓的扇子)，前肢、頭部和脊柱

邊緣也有羽毛。很明顯，保存幾率的偏差可能對這些特徵如何得到保存以及在身體的哪些部位得到保存方面有一定的影響。但就目前的研究來説，早在發育出任何真正的飛行功能之前，羽毛已有可能作為與這些動物的以下行為相關的結構而演化出來：像現生鳥類那樣提供識別信號，或用作它們交配儀式的一部分。

就此而論，滑翔和飛行並不是鳥類起源的必要條件(sine qua non)，而是後來「附加」的優勢。顯然，羽毛有可能具有空氣動力學的功能；就像現代鳥類一樣，跳躍和振翅的能力可能大大增加了「恐龍鳥」交配時炫耀的籌碼。例如，就小型動物小盜龍來説，沿着前後肢和尾部邊緣的羽毛組合應該能使它從樹枝或其他同樣有利的位置飛到空中。站在這一出發點上，滑翔和真正的振翅飛行相對而言似乎的確就是向前的「一小步」了。

一直存在的問題

然而，我們不應該太陶醉於上面所描繪的情景。儘管遼寧的發現的確極為重要，即它們提供了一個窗口，使得我們能豐富而詳盡地瞭解白堊紀恐龍和鳥類的進化情況，但它們未必能夠提供所有的答案。必須記住的關鍵一點是，遼寧採石場的年代為早白堊世，因而其中所產出的化石比具有高度發育的複雜翅膀、

保存完好的最早帶羽毛恐龍 —— 始祖鳥要年輕得多（至少相隔約30Ma）。無論通向最早的會飛恐龍、最終通向鳥類的進化道路是怎樣的，這條路上也絕沒有產自遼寧的、奇特的帶羽毛恐龍。我們在遼寧所看到的是似鳥獸腳亞目恐龍（以及一些真正的鳥類）進化多樣性的驚鴻一瞥，而不是鳥類的起源：鳥類起源仍然隱藏在中侏羅世、甚至可能是早侏羅世時期的沉積物中 —— 在始祖鳥拍着翅膀來到地球上之前。目前為止我們所瞭解的一切都只能表明，獸腳亞目恐龍與早期鳥類具有十分密切的親緣關係，但早侏羅世或中侏羅世中作為始祖鳥祖先的極其重要的獸腳亞目恐龍仍然有待於人們去發現。希望在未來的幾年裏能夠出現一些激動人心的發現，以填充故事的這部分內容。

在第五章結束時我們提出了以下觀點，即恐龍生活在地球歷史上一個對體型巨大、高度活躍的動物有利的時期，這些動物能夠保持較高的恆定體溫而不必付出作為真正內溫動物所需的大部分代價。產自遼寧的「恐龍鳥」似乎表明這個觀點是錯誤的 —— 小型、保溫的獸腳亞目恐龍必須是內溫動物，它們與鳥類（我們知道鳥類是內溫動物）的密切關係更加強化了這一點。

我對此的反應是：嗯，既是又不是。現在看來，似鳥獸腳亞目恐龍是真正意義上的內溫動物，這一點幾乎是毫無疑問的。然而，我認為大多數更傳統的恐龍是慣性的恆溫動物（巨大的體型使它們能夠保持穩定

的內部溫度)這一主張仍然成立。在現生內溫動物中發現的一些證據支持了我的觀點。例如，大象的代謝率比老鼠低很多就是由於這些原因。老鼠很小，向環境散失熱量很快，為了補充熱量的損失，必須保持較高的代謝率。大象身體龐大(大致和恐龍一般大小)，它們保持恒定的內部體溫是由於它們體型很大，而不僅僅因為它們是內溫動物。的確，作為大型內溫動物至少在某種程度上是一個生理挑戰。例如，大象如果跑得太快就會遇到問題：它們保持身體姿勢的肌肉和腿部肌肉會產生大量額外的化學熱，因此必須用能「扇風」的大耳朵幫助它們將熱量迅速散發出去，以防止致命的過熱現象。

總的來說，恐龍是極大的動物，它們的身體應該能夠保持一個恒定的內部體溫；從大象推測，在一個任何情況下都非常溫暖的世界裏，成為真正的內溫動物對恐龍來說未必有利。恐龍在生理上已進化成為大體型恒溫動物(由於體型巨大而使內部體溫保持恒定)。與恐龍向巨大體型進化的總趨勢相反的唯一恐龍類群是馳龍類獸腳亞目，它們進化成為體型較小的類群。

僅從解剖學的角度來看，很明顯，馳龍類是高度活躍的，應該能從恒溫的生理特徵獲得好處，它們相對較大的腦需要持續不斷的氧和營養供應。與其相矛盾的是，如果沒有保溫的覆蓋物，那麼體型較小的動

物就無法保持恒溫，因為它們無法阻止熱量通過皮膚散失。小型獸腳亞目恐龍所面臨的選擇非常明確和簡單：它們必須要麼放棄它們高度活躍的生活方式，變成傳統的爬行動物；要麼提高體內熱量的生產，成為嚴格意義上的內溫動物，通過發育皮膚保溫層來避免熱量損失。因此，我主張，這不是一個「全都是或全不是」的情況；大多數恐龍基本上是大體型恒溫動物，能夠維持較高的活動水平而不必付出哺乳動物或鳥類這樣的內溫類型的全部代價；然而，小型的、特別是馳龍類獸腳亞目恐龍(以及它們的後裔，真正的鳥類)不得不演化出完全的內溫機制，以及與之相關的保溫覆蓋物。

第七章
恐龍研究：觀察和推斷

如果我們想要瞭解化石動物的生活，就必須運用許許多多的方法。在本章，為了強調這一要點，我們將探討各種各樣的研究方法。

恐龍足跡學

恐龍研究的某些方面有着與偵探工作非常相似的性質，或許沒有甚麼比足跡學更能體現這一點的了——足跡學是研究腳印的學科。

> 在偵探科學中沒有哪個分支像追蹤足跡的藝術這樣重要且被如此嚴重地忽視了。（柯南·道爾《血字的研究》，1891）

恐龍足跡研究的歷史之長令人驚訝。一些最早採集和展出的標本是年輕的普利尼·穆迪(Pliny Moody)1802年在馬薩諸塞州耕田時發現的。這些標本以及其他大型三趾腳印最後由愛德華·希契科克

(Edward Hitchcock)於1836年以圖示説明並被其描述為巨大的鳥類留下的足跡；一些標本仍被收藏在阿默斯特學院普拉特博物館中。從19世紀中葉開始，足跡化石在世界各地被頻繁發現。隨着對恐龍解剖特徵、尤其是它們足部形態瞭解的增多，人們認識到，發現於中生代岩石中「像鳥類一樣」的大型三趾腳印屬恐龍而不是巨鳥。儘管這些足跡引起了局部的興趣，但很少有人認為它們具有很大的科學價值。然而近年來，主要是受到位於丹佛的科羅拉多大學馬丁·洛克利（Martin Lockley）的工作的鼓舞，人們開始更普遍地認識到，足跡可以提供大量的信息。

首先，最明顯的是，保存下來的足跡記錄了恐龍活着時的行為。單個腳印還記錄了足部的總體形態和腳趾的數目，這通常可以幫助縮小造跡恐龍的可能範圍，特別是在附近年齡相似的岩石中發現恐龍骨架的時候。儘管單個腳印或許具有其內在的價值，但一連串的足跡則記錄了該動物活着時是如何運動的。它們揭示了足部與地面接觸時的方向、步幅的長度、行跡的寬度（左、右腳之間的距離）；通過這些證據，有可能從力學的意義上重建腿部的運動。此外，研究證明，運用對大量現生動物的觀察資料來計算造跡動物的運動速度也是有可能的。僅通過測量腳印的大小和步幅，並推測腿部的長度即可獲得這種估算結果。雖然腿部長度初看起來似乎很難精確地估計，但事實證

明腳印的實際大小是一個非常好的指南(從現生動物判斷);此外,在某些情況下,生活在腳印形成時期的恐龍的足部和腿部骨骼或骨架已被人們所瞭解。

單個腳印的形態也有可能顯示出能推斷這些動物運動方式的信息:比較寬和扁平的腳印顯示整個足部與地面接觸的時間相當長,表明它運動比較緩慢;在另一些情況下,腳印可能顯示僅腳趾的末端與地面接觸——表明該動物差不多是用腳尖快速奔跑的。

恐龍足跡的另一個有趣之處涉及到使得它們被完整保存下來的環境。足跡在堅硬的地面上無法被保存。相反,保存足跡的地面必須相對較軟,通常是潮濕的,較理想的是具有泥濘的黏性。腳印一旦留下以後,重要的是它們在 變硬之前不會受到大的擾動;如果腳印被快速埋藏於另一層泥土之下,這種不受擾動的情況就會出現。這或是因為表層在太陽下被烤硬,或是因為礦物質快速沉澱,在腳印層中形成某種凝結物。通常,研究者有可能從保存足跡的沉積物細節推斷出恐龍留下腳印時的確切環境條件。這些細節包括泥濘被動物腳印擾亂的程度、腳陷入沉積物的深度以及沉積物看起來對腳的活動所作出的反應等。有時候僅從腳印主體部分之前或之後的沉積物磨損的方式就可以看出一隻動物正在上坡還是下坡。因此,恐龍留下的足跡所提供的大量信息不僅有關恐龍如何移動,而且有關它們所進入的環境類型。

圖35 一群蜥腳類恐龍在穿越潮濕的低地平原時留下的平行足跡

　　足跡的研究還可以揭示有關恐龍行為的信息。在罕見的情況下，會發現多種恐龍的足跡。一個著名的例子記載於德克薩斯州羅斯峽谷的帕盧克西河，是由一位名叫羅蘭‧T. 伯德(Roland T. Bird)的著名恐龍足跡探索者發現的。該地有兩排平行的足跡，一排由一

隻巨大的雷龍留下，而另一排屬一隻大型食肉恐龍。足跡似乎顯示，大型食肉恐龍正在向雷龍靠攏。在足跡的交匯處，一種腳印消失了，伯德猜想這表明了攻擊的地點。然而，洛克利通過研究足跡地點的圖指出，雷龍(有若干隻)在過了假定的攻擊地點後還在繼續行走；而且，儘管那隻大型獸腳亞目恐龍當時正跟隨着雷龍(它的一些腳印中有一部分蓋住了雷龍的腳印)，但沒有「混戰」的跡象。很有可能這個捕食者只是在安全的距離內追蹤潛在的獵物。更有說服力的是伯德在達文波特農場觀察到的一些足跡，該地點也位於德克薩斯。在這裏他記載了23隻類似雷龍的蜥腳形亞目恐龍在相同的時間朝着同一個方向行走的足跡(圖35)。這強有力地說明有些恐龍是成群活動的。成群或群居的習性是不可能從骨架推測出來的，但足跡卻可以提供直接的證據。

近年來人們對恐龍足跡逐漸增長的興趣揭示了許多具有潛在吸引力的研究途徑。恐龍足跡有時會在從未產出過恐龍骨架化石的地區發現，因此足跡可以幫助填補已知恐龍化石記錄上的某些空白。在考察恐龍足跡性質的過程中，還出現了一些有趣的地質概念。一些大型蜥腳形亞目恐龍(上文的雷龍即屬這一類群)活着時可能重達20-40噸。這些動物行走時會對地面施加巨大的壓力。在鬆軟的基底上，來自這些恐龍腳掌的壓力會使地表之下一米或更深的泥土變形 —— 由此

產生了一系列的「底印」，與原來地表上的腳印相對應。如果單個腳印通過許多「底印」得到了複製，那麼「底印」的幻象就意味着化石記錄中的一些恐龍足跡可能在很大程度上被重複代表了。

如果這些成群的巨大動物在大片區域踩踏，就像它們在達文波特農場所做過的那樣，那麼它們也就具有極大地破壞腳下土地的能力 —— 將其壓碎並破壞其正常的沉積結構。這個相對而言新近認識到的現象被命名為「恐龍擾動」。「恐龍擾動」也許只是地質現象，但它提示了另一個明顯與恐龍活動相關聯的生物效應，隨着時間的推移，這個生物效應有可能是可測量的，也可能不可測。這就是恐龍對全部陸生生物群落在進化和生態上的潛在影響。大群若干噸重的恐龍走過一片土地，有可能將當地的生態全部摧毀。我們知道，今天的大象能夠給非洲的稀樹草原造成相當大的損害，因為它們能夠毀壞並推倒成年樹木。一群40噸重的雷龍會造成怎樣的後果呢？這類破壞性的活動對生活在同一時代的其他動物和植物會有影響嗎？我們能夠識別或測量這種影響的長期性嗎？它們在中生代的進化歷史中是否重要？

糞化石

另一個稍微不那麼浪漫的古生物學研究分支聚焦於恐龍等動物的糞便。這些材料被歸為糞化石

(coprolites，其中copros意為「糞便」，lithos意為「石頭」)，其研究歷史之長令人吃驚，而且成績卓著。對保存下來的糞化石重要性的認識要追溯到牛津大學威廉・巴克蘭的工作(他描述了第一隻恐龍，巨齒龍)。巴克蘭是19世紀上半葉地質學家中的一位先驅者，他花費了大量時間採集和研究產自他的出生地多塞特郡的萊姆里吉斯周圍的岩石和化石，包括海生爬行動物化石。在這個過程中，巴克蘭注意到大量獨特的礫石，它們通常具有微弱的螺旋形態。通過更詳細的檢查，將它們切開並觀察磨光的切面，巴克蘭識別出富集的閃光魚鱗、骨頭，以及箭石(一種頭足類軟體動物)觸手上鋒利的彎鉤。他推斷，這些石頭最有可能是發現於同一種岩石中的食肉爬行動物的石化排泄物。很顯然，雖然糞化石研究乍看起來有些不雅，但它有可能揭示有關曾經生活過的動物食性的證據，而這樣的證據是難以通過其他途徑獲得的。

像腳印的情形一樣，雖然「誰留下這些」的疑問非常有趣，但卻可能成為大問題。偶爾，糞化石，或者說實際上是胃容物，被保存在某些脊椎動物化石(特別是魚類)的身體內部；然而，將糞化石與特定的恐龍或者即使是與恐龍類群聯繫起來卻是很困難的。美國地質調查局的凱倫・欽(Karen Chin)一直致力於糞化石的研究，她在可靠鑒定恐龍糞化石方面遇到了特別大的困難 —— 直到最近。

1998年，欽和她的同事們報告了他們的發現，這篇文章就題為《特大的獸腳亞目恐龍糞化石》。文中的標本發現於薩斯喀徹溫的馬斯特里赫特期(最晚白堊世)沉積中，由相當大的一塊材料組成，超過40厘米長，體積大約為2.5升。標本外圍以及緊臨的內層是骨骼碎片。此外，這塊標本中遍佈着更細微的沙狀骨質粉末。對該標本的化學分析證實，它所含鈣和磷的水平非常高，表明了骨質的高度集中。對骨骼碎片的組織學薄片的分析進一步確認了骨骼的細胞結構，同時也顯示被消化的獵物最有可能是恐龍；正如人們所猜測的那樣，該標本極可能是一類大型食肉動物的糞化石。通過調查該地區岩石中已知的動物群可推測出，足以留下這樣大的糞化石的唯一大型動物是巨大的獸腳亞目霸王龍(恐龍之「王」)。對糞化石中保存的骨骼碎片的觀察顯示，該動物能在嘴裏將獵物的骨頭嚼碎，而可能性最大的獵物是幼年的鳥臀目角龍亞目恐龍(可從骨骼組織學切片的結構中看出)。該糞化石中並非所有的骨骼均被消化這一事實表明，這些物質以相當快的速度通過了腸道，有些人將這一點作為霸王龍可能是一類饑餓的內溫動物的證據。

恐龍病理學

　　鑒於這類獸腳亞目恐龍的總體解剖學特徵，證明霸王龍食肉的習性顯然並非完全出乎意料。然而，在

霸王龍的骨架中還發現了因食物中富含紅色肉類而產生的一個有趣的病理學現象。

大型霸王龍骨架「蘇」正在芝加哥的菲爾德博物館展出。該標本很有趣，因為它顯示出許多病理特徵。它的一個指骨（掌骨）在與第一指骨的關節處表現出某些獨特的光滑圓形凹陷；現代病理學家和古生物學家對此都進行了詳細研究。古生物學家發現，其他霸王龍也顯示出這樣的損傷，但在博物館收藏的標本中這些損傷卻相當罕見。在將其與現生爬行動物和鳥類的病理特徵進行了詳細比較之後，病理學家確定這種損傷是痛風的結果。這種疾病也見於人類。它通常侵害手部和足部，引起劇痛，造成被侵害部位的腫脹和發炎。它是由關節周圍尿酸鹽晶體沉積引起的。儘管痛風可能是脫水或腎衰竭的結果，但在人類中的一個發病因素是食物：即由於攝取的食物中富含嘌呤，這是一種發現於紅色肉類中的化學物質。因此，霸王龍不僅外表看起來像食肉動物，它的糞便以及它患的一種疾病也證實了這一點。

「蘇」還顯示出很多更常見的病理特徵。這就是具有指示作用的舊傷的遺跡。如果動物在活着的時候遭遇骨折，它們會有自愈的能力。雖然現代外科手術能夠相當精確地修復斷骨，但在自然狀態下骨骼的斷面通常不能自動準確地癒合在一起，在骨骼癒合部位的周圍會形成骨痂。這種不完整的修復過程會在骨架

上留下痕跡，可以在動物死亡後觀察到。很明顯，「蘇」在「她」活着的時候曾多次受傷。在一次事故中，「蘇」的胸腔遭受了較大的外傷，其胸部顯示出幾根明顯斷裂後又修復的肋骨。另外，「她」的脊柱和尾部也顯示出許多損傷，同樣在活着的時候癒合了。

這些觀察結果的令人驚訝之處在於，像霸王龍這樣的動物顯然能夠在受傷和生病之後存活下來。一般的預測會是，大型捕食動物，例如霸王龍，在受傷之後很容易遭受攻擊，它本身會成為潛在的獵物。而這種情況並沒有發生(至少在「蘇」的例子中)，這表明要麼這種動物特別皮實，因而不會受到嚴重外傷的過多影響，要麼這些恐龍可能生活在團結的群體中。該群體有時會表現出合作精神，幫助受傷的個體。

人們在各種恐龍中也注意到了其他病理現象，包括由牙周膿腫引起的破壞性骨損傷(在下頜骨的病例中)、在頭骨或骨架其他部位的膿毒性關節炎和慢性骨髓炎。一個特別嚴重的腿部傷口長期感染的例子來自對一種小型鳥腳類恐龍的記錄。該動物的部分骨架發現於澳大利亞東南部的早白堊世沉積物中。它的後肢和骨盆保存完好，但左腿的下半截嚴重變形並縮短(圖36)。雖然無法證明這種併發感染的最初原因，但人們猜測該動物左腿脛部靠近膝關節處可能遭受了嚴重的咬傷。結果，石化的脛部骨骼(脛骨和腓骨)處長出了一塊嚴重過度生長的、像硬繭一樣的巨大不規則塊狀骨。

對骨化石的檢查和X光照相顯示，最初受傷的部位一定是被感染了，但感染並沒有保持在局部，而是向下沿着脛部骨骼的骨髓腔擴散，這種感染所到之處使骨骼遭到了部分破壞。隨着感染的蔓延，骨骼的外面增生了額外的骨組織，好像身體在試圖產生自己的「夾板」或支持物。顯然，該動物的免疫系統無法阻止感染的持續擴散，在骨骼外層的下面形成了大面積的膿腫；由此產生的膿液必定會從腿骨滲出，並且流到皮膚表面形成潰瘍。從感染部位骨骼生長的總量判斷，該動物在遭受這種可怕傷殘折磨的同時，很可能又活了一年之久才最終死亡。保存的骨架沒有顯示出其他病理感染的跡象，也沒有牙咬的痕跡或其他食腐活動的跡象，因為它的骨骼沒有散落。

在恐龍骨骼中很少能夠識別出腫瘤。試圖研究恐龍中癌症發生頻率的最明顯障礙是該研究需要破壞恐龍骨骼，以便製作組織切片 —— 對於博物館館長來說，這顯然是沒有吸引力的事情。最近，布魯斯·羅思柴爾德(Bruce Rothschild)開發出利用X射線和熒光透視法掃描恐龍骨骼的技術。該方法限於直徑小於28厘米的骨骼。出於這個原因，他測量了大量的恐龍脊椎(超過一萬個)。這些脊椎來自數目眾多的博物館收藏標本，代表了所有主要的恐龍類群。他發現，癌症不僅很罕見(<0.2%至3%)，而且僅限於鴨嘴龍類。

為甚麼腫瘤有這樣的局限性呢？這一問題很令人

圖36　膿毒性的恐龍脛部骨骼化石，已嚴重變形

迷惑。這促使羅思柴爾德懷疑鴨嘴龍類的食物是否可能與這種流行病有關。一些「木乃伊化」的鴨嘴龍類乾屍的罕見發現表明，其腸道內積累的物質中包含了相當大量的針葉樹組織；這些植物含有高濃度的致癌化學物質。這究竟是鴨嘴龍類具有遺傳性易患癌症體質的證據，還是環境誘導（含誘變因素的食物）致癌的證據，目前都還完全是推測。

同位素

被稱為地球化學的另一個科學分支利用放射性氧同位素，特別是氧–16和氧–18，以及它們在微體海洋生物外殼所包含的化學物質（碳酸鹽）中的比例，來估算古代海洋的溫度，進而推測更大範圍的氣候條件。從根本上說，人們的觀點是，這些生物體外殼化學物質中鎖定的氧–18比例越高（與氧–16相比），它們原來所生活的海洋的溫度就越低。

20世紀90年代早期，古生物學家里斯·巴里克（Reese Barrick）和地球化學家威廉·肖沃斯（William Showers）合作，嘗試是否可能對骨骼中的化學物質進行同樣的研究——特別是構成骨骼礦物中磷酸鹽分子的一部分的氧。他們首先將這種方法應用於一些已知的脊椎動物（牛和蜥蜴），從它們身體的不同部位（肋骨、腿和尾部）提取骨骼樣品，測量氧同位素的比例。

他們的研究結果表明，對於內溫哺乳動物(牛)來說，腿骨和肋骨之間的體溫幾乎沒有差異；正如可以預見的那樣，該動物具有恒定的體溫。然而在蜥蜴中，尾部的溫度比肋骨低2到9°C；外溫動物身體熱量的分佈不像內溫動物那樣均勻，它們身體外圍部分的平均溫度要比核心部分低。

接着，巴里克和肖沃斯對採自蒙大拿州一具保存完好的霸王龍骨架中的各種骨骼進行了同樣的分析。從肋骨、腿骨、趾骨和尾骨上鑽下的樣品顯示了與哺乳動物頗為相似的結果：氧同位素比例的差異很小，這表明整個身體的溫度相當均勻。這一結果被進一步用來證明這樣的觀點：恐龍不僅是恒溫的，而且是內溫的。這兩位作者最近的研究工作似乎進一步證實了他們的初步發現，並將這種觀察成果擴大到其他一系列的恐龍身上，包括鴨嘴龍。

正如通常的情況那樣，這些結果引起了一場熱烈的討論。有人擔心骨骼的化學成分在石化過程中可能已被改變，而這會導致同位素信息毫無意義；注重生理特徵的古生物學家則認為這一結果的意義遠不能令人信服：恒溫的信息與大多數恐龍是體型巨大的恒溫動物(第六章)的觀點相一致，並未提供內溫或外溫的確鑿證據。

這顯然是一個有趣的調查方法；雖然其結果還不是確切無疑的，但給未來的研究打下了基礎。

恐龍研究：掃描革命

近年來，技術手段的平穩進步，以及利用它們解決古生物學問題的可能性在許多不同的領域中已嶄露頭角。下面的小節將探討幾個這方面的應用；它們並非沒有自身的局限性和缺陷，但在某些例子中，現在提出的問題可能是十年前做夢都想像不到的。

古生物學家面臨的最棘手的難題之一是期望對任何新找到的化石作盡可能徹底的探究，在此過程中又要把對標本所造成的破壞降到最低。發現X射線在照相膠片上形成身體內部圖像的潛力對於醫學來說是極為重要的。最近，由於與強大的計算機數據處理直接相連的計算機斷層掃描（CT）和核磁共振成像（MRI）技術的發展，醫學透視顯像領域產生了徹底的變革，這使得三維圖像的產生成為可能。這種圖像使研究者可以看到物體的內部，例如人體或其他複雜的構造，而這在通常情況下只有通過大的探測手術才有可能實現。

利用CT掃描觀察化石內部的可能性很快被人們意識到了。這一領域的領軍人物之一是蒂姆‧羅（Tim Rowe），他與其團隊的研究基地位於奧斯汀的得克薩斯大學。他成功建立了專門用於研究化石的最精密的高分辨率CT掃描系統之一，正如我們將要在下文中所看到的，他已經利用該系統進行了極為有趣的工作。

研究鴨嘴龍的頭脊

CT掃描應用的一個範例是針對一些鴨嘴龍類鳥腳次亞目恐龍一系列變化幅度極大的頭脊進行的研究。這些恐龍在晚白堊世時期非常豐富，具有非常相似的身體形態；它們真正的不同之處只是在於頭部脊突的形狀，但這種差異的原因長期以來一直是個難解之謎。1914年，當第一個具有「冠飾」的恐龍被記敘下來的時候，人們認為這可能僅僅是有趣的裝飾特徵。然而1920年人們發現，這些「冠飾」或頭脊是由纖細的骨質外層組成，裏面包裹着相當複雜的管狀腔室。

自20世紀20年代以來，解釋這些頭脊用途的理論層出不窮。最早的觀點主張，頭脊為從肩部延伸到頸部的韌帶提供了一個附着區域，以支撐又大又重的頭部。從那以後，各種觀點不斷出現：它們是用來作為武器的；它們支持着高度發育的嗅覺器官；它們是性特徵(雄性具有頭脊而雌性沒有)；此外還有最具遠見的觀點，即這些腔室可能用作共鳴器官，就像現代鳥類那樣。在20世紀40年代，人們偏愛水生的理論：即它們形成了氣閘，當這些恐龍在水下吃水草時，可以防止水流進肺部。

大多數更加古怪的觀點已被摒棄，或是因為有悖於自然法則，或是與已知的解剖學知識不相符。從中脫穎而出的理論是，頭脊可能起到若干相互關聯的、

社會/性方面的作用。它們大概為特定的種提供了可見的社會識別系統；另外，一些複雜精美的頭脊無疑是為了性炫耀的目的。還有少量鴨嘴龍的頭脊足夠強壯，可以用於側面攻擊或以角相頂的活動，作為交配前儀式的一部分或雄性之間的競爭方式。最後，人們認為與頭脊或面部結構相關聯的腔室或管狀區域起到了共鳴裝置的作用。而且，這種仍屬推測的發聲能力(可見於現今的鳥類和鱷類)可以與這些恐龍的社會行為聯繫起來。

與共鳴器官理論相關聯的最大問題之一是直接獲取能夠重建空氣在頭脊中流動的詳細情況的頭骨材料，而不必破壞細心發掘的珍貴標本。CT技術使得這樣的內部探查成為可能。例如，新墨西哥州的晚白堊世沉積物中發現了一些頭脊非常獨特的鴨嘴龍類小號手擬棘龍的新材料。頭骨相當完整，保存很好，包括一個長而彎曲的頭脊。人們對頭脊進行了縱向CT掃描，然後將掃描圖片進行數字化處理，從而得到了頭脊的內部空間而不是頭脊本身的圖像。最終呈現的空腔內部圖像顯示它的複雜程度非常高。數個平行的狹窄管道緊緊纏繞在頭脊內部，產生的效果相當於一串長號！現在研究者們幾乎毫不懷疑，像擬棘龍這樣的動物頭脊上的空腔是它們發聲系統的一部分，可以起到共鳴裝置的作用。

軟組織：心臟化石？

20世紀90年代晚期，南達科他州晚白堊世砂岩中出土了一具新的中型鳥腳次亞目恐龍的部分骨架。該骨架的一部分已被侵蝕掉，但剩餘部分保存得非常好，仍然可以看出某些軟組織的跡象，例如軟骨，而通常這些軟組織會在石化過程中喪失。在對標本進行初步清理的過程中，在胸腔的中央發現了一個大的含鐵(富含鐵質)結核。這一構造引起了研究者的極大興趣。他們得到許可，利用一台大型獸醫用掃描儀對該骨架的主要部分進行了CT掃描。掃描的結果令人興奮。

這塊含鐵結核似乎具有獨特的解剖特徵，而且其周圍還存在與之相關聯的結構。研究者將此解釋為，這顯示結核內保存了心臟以及一些相關聯的血管。結核似乎顯示出兩個腔室(研究者將其解釋為代表了原來的心室)；稍微向上一點有一個彎曲的管狀結構，他們將其解釋為主動脈(血液從心臟流出的主要動脈之一)。在此基礎上，他們進一步提出，這表明該恐龍具有與鳥類非常相似的、完全分隔的心臟；這一看法支持了越來越令人信服的觀點：恐龍通常是高度活躍的需氧動物(參見第六章)。

早在1842年，理查德·歐文作出非常有預見性的推測時，就有人認為，恐龍、鱷類和鳥類具有比較高效的四心室(也就是完全分隔的)心臟。站在這個基礎

上來看，這一發現就不那麼令人驚訝了。真正驚人的是這樣的看法：通過某種異常的石化情形，這隻特定恐龍的心臟軟組織的大體形態可能被保存下來。

據知，軟組織能夠在一些非常特殊的條件下被保存在化石記錄中；這些條件通常包括非常細的沉積物（泥和黏土）的混合物，它們能夠保存軟組織的印痕。而且，軟組織，或者更確切地說是它們經過化學反應後的殘餘，通常在缺氧的條件下可以通過化學沉澱作用被保存下來。但這兩個條件都不適用於前面描述的鳥腳亞目骨架。該標本發現於粗粒的砂岩中，而且應該是在含氧量很豐富的條件下，因此從簡單的地球化學觀點來看，這樣的條件似乎應該不大可能保存任何形式的軟組織。毫不奇怪，這些研究者的觀察結果受到了質疑。鐵礦石結核在這些沉積中很常見，而且經常與恐龍骨骼一起被發現。沉積環境、可能保存這些結構的化學條件，以及所有這些據稱類似於心臟特徵的解釋都引發了爭論。目前該標本的身份還不能確定，但無論提出其他任何主張，如果這些特徵僅僅屬鐵礦石結核，那麼奇怪的是它們與心臟的特徵竟然如此相似。

偽造的「恐龍鳥」：法醫古生物學

1999年，一篇文章出現在《國家地理》雜誌上，其中強調了由中國遼寧省的新發現所揭示的恐龍與鳥

類之間的相似性。它向人們展示了另一件令人興奮的新標本，這件標本被命名為古盜鳥，以一具近乎完整的骨架為代表，看起來幾乎與人們所能想像的中間類型的「恐龍鳥」一模一樣。該動物具有與鳥類非常相似的翅膀和胸部骨骼，但保留了頗似獸腳亞目恐龍的頭部、腿部和僵硬的長尾巴。

最初，《國家地理》通過一系列公共活動慶祝這件標本的發現。但很快該標本便招來了頗多爭議。儘管它顯然來自中國，但它是由猶他州的一家博物館從亞利桑那州圖森的一個化石市場購得的。這很不尋常，因為中國政府將所有具備科學價值的化石都視為國家財產。

該標本引起了科學界的懷疑：與類似獸腳亞目恐龍的腿部和尾部相比，它身體的前半部分簡直過於像鳥類了。保存該標本的石灰岩表面也很不尋常，它由一些像碎石路一樣的小石板組成，被許多填充物拼接在一起(參見圖37)。沒過多久就有人宣稱它大概是偽造的 —— 可能是用採自遼寧的各種各樣的剩餘部分加工排列起來的。在普遍疑慮的氛圍下，猶他博物館的研究館員與兩位研究這些中國恐龍類型的古生物學家取得了聯繫。他們是阿爾伯塔皇家蒂勒爾博物館的菲利普・柯里(Philip Currie)和中國北京的徐星(Xu Xing)；此外還聯繫了得克薩斯的蒂姆・羅，看他是否能夠通過CT掃描證實這件化石的性質。

A　化石的X光照片

示意圖圖例
骨胳

■ 相關聯的鳥類骨胳

■ 無法證實的「附加」骨胳

原型圖例
相對密度

□ 骨胳

▨ 石板

■ 空氣

相關聯的石片

1a-w 處於自然位置上相關聯的石片

圖37　在石板上偽造的「古盜鳥」

B 石板表面示意圖

無法證實的石片

2	
3	「左」股骨

4a-j	「左」和「右」脛骨/腓骨（正面和負面）

5a-e	「右」腳/踝骨（正面和負面）

6	
7a-b	含碎骨的石片
8a-c	

9a-b	
10	
11	馳龍尾部的石片
12a-c	
13a-b	

A-HH	填補的石片

恐龍研究：觀察和推斷 · 169 ·

驚人巧合的是，徐星回到中國後，找到了一件採自遼寧的岩石，其中包含了一具馳龍類獸腳亞目恐龍的大部分。對該標本進行研究之後，他確信，這件化石的尾部是他最近在古盜鳥身上所看到尾部的縱切反面。回到華盛頓和《國家地理》的辦公室以後，徐星將他新近發現的化石與古盜鳥標本相對照，結果證明原來的古盜鳥石板毫無疑問是拼接而成的，它至少包含了兩種不同的動物(前面一半是一隻真正鳥類的一部分，而後面一半則是一隻馳龍類獸腳亞目恐龍的一部分)。

　　羅在注意到事件的這一發展之後，詳細研究了他為原來的古盜鳥石板所作的CT掃描的照片。CT照片不能分辨真正的和偽造的化石。然而，石板每個部分精確的三維圖像使人們能夠準確地比較每一塊標本。事情弄清楚了：一隻鳥的部分化石構成了石板的主要部分，此外又加上了一隻獸腳亞目恐龍的腿部和足部骨骼。羅和他的同事證明，該標本是只用了一條腿骨和足部骨骼拼接而成的。在這個例子中，正面和反面被縱切為二，製造了一雙腿和腳！最後，又加上了獸腳亞目恐龍的尾巴；而且，為了完善這幅「圖畫」，添加了額外的小塊碎石和填充物，造成了看起來更令人滿意的矩形總體效果。

　　這些戲劇性的發現並沒有對有關恐龍－鳥類關係的爭論產生任何影響。它表明的是某些令人遺憾的事

實。在中國，報酬很低的工人在幫助挖掘一些真正奇妙的化石的過程中，顯然逐漸獲得了良好的解剖學知識，瞭解科學家們正在尋找的動物類型。這些工人也認識到這些化石的市場很興旺，如果他們能夠將化石賣給中國以外的交易商，便會給自己帶來高得多的經濟利益。[1]

恐龍力學：異龍如何取食

事實表明計算機斷層攝影顯然給古生物學研究帶來了頗有價值的幫助，因為它能夠以幾乎不可思議的方式看到物體的內部。劍橋大學的埃米莉·雷菲爾德(Emily Rayfield)及其同事開發了一些利用CT成像的技術革新方法。利用CT圖像、複雜的計算機軟件，以及大量的生物學和化石生物學數據，研究者證明了探索恐龍活着時如何活動是有可能的。

正如霸王龍的例子那樣，我們大體上知道異龍(圖31)是一類捕食動物，它的獵物很可能是生活在晚侏羅世時期的一些動物。有時在骨化石上可以發現齒痕或抓痕，而這些痕跡可以與異龍頜骨上的牙齒完全對上，這可以作為異龍「有罪」的一種「證據」形式。但是這些證據告訴了我們甚麼呢？其答案可能不像我

1　中國《文物保護法》規定「具有科學價值的古脊椎動物化石和古人類化石同文物一樣受國家保護」，私人買賣這些化石是違法的。

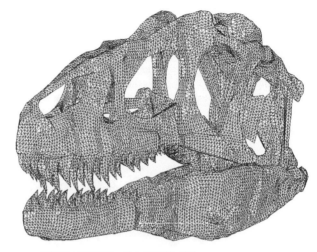

圖38 CT掃描的異龍頭骨三維有限元模式圖

們所希望的那麼多。我們不能確定這些齒痕是否是由以死亡動物為食的食腐動物留下的，或者留下齒痕的動物是否是真正的兇手；同樣，我們無法斷定異龍可能是哪種類型的捕食動物：它是經過長距離追逐撲倒獵物，還是潛伏然後突襲？它是毀滅性地咬碎骨頭，還是以切割和砍擊為主？

　　雷菲爾德獲得了一個保存異常完好的晚侏羅世獸腳亞目異龍頭骨的CT掃描資料。利用頭骨的高分辨率掃描產生了一幅整個頭骨非常詳細的三維圖像。然而，雷菲爾德不僅僅製作了像全息圖一樣的漂亮頭骨圖像，她還將圖像資料轉化成了三維的「網格」。網

格由一系列的點素坐標組成(頗似地形圖上的坐標)，每個點都由短的「元」與緊鄰的點相連接。這樣就建立了工程學術語上所說的整個頭骨的有限元圖(圖38)：以前從沒有人嘗試過構製如此複雜的圖像。

這類模型的突出特性是，利用適當的計算機和軟件，可以在有限元圖上記錄頭骨的物質屬性，例如頭骨、牙釉質或骨骼之間關節上軟骨的強度。這樣，可以促使每個「元」就像一塊真正頭骨的組成部分那樣起作用，而每個元都與相鄰的元連接在一起，成為一個完整的單元，就像恐龍活着時一樣。

繪製了這隻恐龍的虛擬頭骨圖像以後，就需要計算出它活着時顎肌的力量。利用黏土，雷菲爾德做出了酷似該恐龍的顎肌的模型。當她完成這項工作後，便根據它們的尺寸——長度、周長，以及與頜骨附着的角度——計算出它們能夠產生的力的總量。為了保證這些計算盡可能符合實際情況，生成了兩套力的估算模式：一套基於這類恐龍具有頗似鱷類(外溫)的生理特徵，另一套則假定它具有鳥類/哺乳動物(內溫)的生理特徵。

然後，利用這些數據組，就可以在異龍頭骨的有限元模型上添加這些力，精確地「測試」頭骨對最大咬力有怎樣的反應，以及這些力在頭骨內部是如何分佈的。這項實驗的目的在於探明頭骨的結構和形態，以及它對與進食相關的壓力的反應方式。

產生的結果令人着迷。該頭骨異常堅固(儘管有人認為它表面上如此多的大孔洞可能會在很大程度上削弱它的強度)。事實上,這些孔洞證明是該頭骨強度的一個重要部分。當測試虛擬頭骨直到它開始「屈服」的時候(也就是說,它受到的力開始使骨骼斷裂時),研究者發現它能夠承受的力高達異龍盡全力咬合時顎肌可以產生的力的24倍。

　　從這個實驗中可以很明顯地看出,異龍的頭骨被非常過分地加固了。自然選擇在大多數骨架特徵的設計上通常會提供一個「安全係數」:構建那部分骨架所需要的總的能量和材料與它在正常生活條件下的大體強度之間的一種平衡。這個「安全係數」是變化的,但一般在正常的生命活動中通常所受到的力的2–5倍範圍內。異龍的頭骨結構具有24倍的「安全係數」的假設似乎是荒謬的。對頭骨進行再次檢驗並重新考慮它可能的取食方式後,得出了如下的認識:下頜骨構建的方式實際上相當「脆弱」。因此,與總的頭骨強度相比,該動物的咬力很可能真的很弱。這表明該頭骨的結構能夠承受非常大的力(超過5噸)是由於其他的原因。最明顯的是該頭骨可能被用來作為主要的進攻武器 —— 作為斬碎機。這些恐龍可能張大下頜突然撲向獵物,然後用頭向下猛撞獵物,給予其毀滅性的巨大打擊。由於這個動作所附加的身體重量以及獵物的抵抗,頭骨必須能夠經受住短時間內極高的負荷。

在第一次攻擊之後，一旦獵物被制服，那麼該恐龍就要用頜骨以傳統方式咬下肉塊，但在此過程中可能在相當程度上需要用腿和身體來幫助拉扯堅韌的肉塊，這就再次通過頸部、背部和腿部肌肉所產生的力給頭骨增加了相當高的負荷。

這一特定的分析有可能使人們對異龍類是怎樣取食的產生一些認識，而這在幾年前還是難以想像的。這再次說明，新技術和不同的科學分支(在本例中是工程設計)的相互結合可以用於探索古生物學問題，並產生新的有趣的觀察結果。

古生物分子和組織

在本章即將結束的時候，我不能不提到《侏羅紀公園》中的情節：發現恐龍的DNA，利用現代生物技術重組這些DNA，由此使恐龍復活。

過去的十年中，有零星幾篇科學報告聲稱發現了恐龍DNA片段，接着又利用聚合酶鏈反應(PCR)的生物技術來增強這些片段，以使它們更易於研究。遺憾的是，對於願意相信好萊塢劇情的人們來說，所有這些報告都沒有得到證實，而且實際上從恐龍骨骼中分離出任何真正的恐龍DNA的可能性微乎其微。理由很簡單，DNA是一個長而複雜的生物分子，在缺乏維持並修復它的代謝系統(正如在活的細胞中所發生的那

樣)的情況下，隨着時間的推移，DNA會降解。任何這樣的物質被埋在地下(而且在那裏遭遇由微生物、其他生物和化學污染源，以及地下水造成的各種污染風險)，經過6,500多萬年而未被改變的可能性實際上為零。

到目前為止，所有報告的恐龍DNA均被證明是已受到污染的。實際上，被確認的唯一可靠的化石DNA在時間上要近得多，而且即使是這些發現，也是由於不尋常的保存條件才成為可能的。例如，棕熊化石遺存的年代追溯至大約6萬年前，人們獲得了它的線粒體DNA很短的序列 —— 但這是因為自從這些動物死亡以後其化石就一直凍結在永凍土中，這為降低這些分子的降解速度提供了最佳條件。當然，恐龍的遺跡要比北極棕熊古老1000倍。儘管我們或許有可能在現生鳥類的DNA中識別出一些與恐龍相似的基因，但使恐龍復活是科學界無能為力的。

最後一組極為有趣的觀察結果涉及到對採自蒙大拿州的一些霸王龍骨骼的外表和內部化學組成的分析。北卡羅來納州立大學的瑪麗·施韋策(Mary Schweitzer)和同事得到允許研究由傑克·霍納(Jack Horner, 電影《侏羅紀公園》中「艾倫·格蘭特博士」在現實生活中的原型)採集的一些保存非常完好的霸王龍骨骼標本。對骨架化石的詳細檢驗表明，長骨的內部結構只有極微小的改變；的確，它們的改變是如此

之小，以至於霸王龍個別骨骼的密度與現代骨骼僅僅晾乾之後的密度相一致。

施韋策找尋的是古代的生物分子，或者至少是可能留下的殘餘化學標記。她從骨骼內部提取了材料以後，再將其研成粉末，對其進行廣泛的物理、化學和生物學分析。這項研究背後的想法是，不僅要盡最大可能「捕獲」一些痕跡，而且如果標記出現的話，還要得到一系列支持它的半獨立證據。研究者肩上的重任實際上是找到某些能證明這樣的生物分子存在的確鑿證據；死亡和埋藏以後時光流逝，任何這些分子的殘跡都已被全部破壞或沖刷掉的可能性似乎是無法抗拒的。核磁共振和電子自旋共振揭示了類似血紅蛋白(紅血球的主要化學組成物)的分子殘餘物的存在；光譜分析和高性液相色譜(HPLC)生成的數據也顯示出殘餘血紅素結構的存在。最後，將恐龍的骨組織用溶劑沖洗，以便提取任何遺留的蛋白質碎片；然後將這些提取物注入實驗大鼠的體內，看它是否會引起免疫反應——結果確實引起了反應！大鼠所產生的抗血清與提純的鳥類和哺乳動物的血紅蛋白所發生的反應呈陽性。從這一系列的分析可以看出，似乎這些霸王龍的組織中很有可能保存了恐龍血紅蛋白混合物的化學殘跡。

更令人着迷的是，在顯微鏡下觀察部分骨骼薄片的時候，在骨骼內部的血管中可以識別出小的圓形微

結構。對這些微結構進行分析以後發現，與周圍的組織相比，它們明顯富含鐵(鐵是血紅素分子的主要成分)。而且它們的大小和總體面貌與鳥類的有核紅細胞特別相似。儘管這些結構並不是真實的血細胞，但它們確實像是原來的血細胞在化學上發生了改變的「幽靈」。這些結構在這種狀態下是如何經過了65Ma而存留下來的，這是一個相當大的謎題。

施韋策和她的合作者還識別出(利用類似前面提到的免疫學方法)被稱為膠原蛋白(天然骨骼以及韌帶和肌腱中的主要組成成分)和角蛋白(構成鱗片、羽毛、毛髮和爪子的物質)的「堅韌」蛋白質生物分子殘餘。

儘管這些結果受到了整個研究界相當大的質疑——而且，由於上面詳細敘述的原因，這種質疑也是合理的——但是，被用來支持他們結論的一系列科學方法，以及發表這些觀察結果時所持的堪稱典範的慎重態度，仍然代表了古生物學這個領域中清晰的模式和科學方法的應用。

第八章
對過去進行研究的前景

K-T 絕滅：恐龍的終點？

　　自19世紀早期起，人們就已經瞭解到，不同的生物類群在地球歷史上的不同時期佔據着統治地位。其中較為引人注目的類群之一是恐龍，而古生物學調查則穩固地強化了這樣的觀點，即恐龍絕對不會在比白堊紀末(大約65Ma)更年輕的岩石中發現。事實上，人們得到的認識是，白堊紀的最末期，一直到第三紀的開端(現在被普遍稱為K–T界線)，標誌着一個較大的變革時期。許多的種走向了絕滅，在第三紀早期被各種不同的新類型所取代：K–T界線似乎代表了一個較大的生命間斷，因而是一個大絕滅事件。在這個時期發生絕滅的物種類型有：大名鼎鼎的陸地恐龍，它們到晚白堊世時期已有了許多不同的種類；多種多樣的海洋動物，從巨大的海生爬行類(滄龍類、蛇頸龍類和魚龍類)，到極為豐富的菊石類，以及範圍非常廣泛的白堊質浮游生物；而在空中，會飛的爬行動物(翼龍)和反鳥類也永遠消失了。

顯然，人們有必要去努力瞭解造成這一生命急劇消亡事件的可能原因。這個總的問題的另一面也同樣重要：為甚麼一些動物倖存下來了？畢竟，現代鳥類倖免於難，哺乳動物也是如此，還有蜥蜴和蛇、鱷和龜、魚和許許多多其他的海洋動物。這僅僅是幸運嗎？直到1980年前，人們提出了解釋K–T絕滅和倖存的各色理論，從識見幽明到荒誕可笑，不一而足。

　　1980年以前比較持久的理論之一是以詳細研究距K–T界線最近的時間帶的生態組成為中心的。多數人的意見是，在白堊紀末期，氣候條件逐漸變得季節性更明顯、變化幅度更大。那些在壓力較大的氣候條件下適應能力較差的動植物的衰落可以反映出這一點。這與白堊紀末期的構造變化相關聯（儘管對此並無定論）；這些變化包括海平面的顯著上升和大陸分區的大大加強。總的印象是地球的特徵正在逐漸改變，最終以動植物群引人注目的劇變而達到頂峰。顯然，這樣的解釋需要為絕滅事件的發生提供一個較長的時間段，但其致命的弱點是無法為同時在海洋生物群落中所發生的變化提供一個充分的解釋。在缺乏更好材料的情況下，爭論此起彼伏，得不出明確的結論。

　　1980年，這一研究領域發生了徹底的變革，這出乎意料地是由一位天文學家路易斯·阿爾瓦雷斯（Luis Alvarez）實現的。他的兒子沃爾特（Walter）是一位古生物學家，一直致力於研究K–T界線附近浮游生物多樣

性的變化。一個合乎邏輯的假定是，晚白堊世和第三紀早期之間的間隔可能代表了一個稍長的「缺失」時期——連續化石記錄中的一個真正缺環。為了幫助沃爾特研究有關浮游生物群落在地球歷史上這一重要時期的變化，路易斯提議，他可以測量界線沉積中積累的宇宙塵埃的數量，以便給這個假定的地質間斷的程度提供一個評估。他們的結果震驚了古生物學界和地質界。他們發現，由一條薄的黏土帶所代表的界線層中包含了數量巨大的宇宙碎屑，這只能由一顆巨大的隕星撞擊地球、並隨後發生汽化來解釋。他們計算得出，這顆隕星的直徑應該至少有10公里。考慮到這樣一顆巨大隕星撞擊的影響，他們進一步提出，撞擊後所產生的大量碎屑雲團(含有水蒸氣和塵埃顆粒)會在相當長的一段時期內完全遮蓋地球，或許達數月乃至一年或兩年之久。以這種方式遮蓋地球將使陸生植物和浮游生物停止光合作用，並導致同時期的陸地和水生生態系統的崩潰。阿爾瓦雷斯父子及其同事似乎一下子就發現了K–T事件的統一解釋。

像所有有價值的理論一樣，撞擊假說吸引學者們進行了大量的研究工作。在整個20世紀80年代，越來越多的研究小組在世界各地的K–T界線沉積物中識別出宇宙碎屑和與強烈撞擊有關的信號。到了80年代晚期，許多工作者的注意力被吸引到加勒比海地區。有報告顯示，在加勒比海的一些島嶼上，例如海地，K–

T界線附近的沉積中不僅顯示出撞擊的信號，而且緊靠它的上面有一層極厚的角礫岩(混合在一起的破碎岩塊)。這層角礫岩以及比此處更厚的隕星碎屑層和其中的化學標記促使研究者提出，隕星撞擊了這個地區淺海中的某個地方。1991年，研究者宣佈在墨西哥的尤卡坦半島上確認了一個很大的地下隕星撞擊坑，他們稱之為希克蘇魯伯撞擊坑。該隕石坑本身已經被6,500萬年的沉積物所覆蓋，只有通過研究地殼的地震回波(頗似地下雷達的原理)才能顯現。該隕石坑大約跨越了200公里，與K–T界線層恰好吻合，因而阿爾瓦雷斯的理論得到了這一驚人發現的支持。

從20世紀90年代早期開始，K–T 事件的研究從原因轉向嘗試將這時的絕滅與單一的災難性事件聯繫起來，因為原因在當時似乎已經確定了。這一災難性事件與核冬天的相似點相當明顯。計算機模擬技術的發展，再加上人們對「目標」岩石(淺海沉積)中可能的化學成分以及它們在高壓衝擊下的行為等知識的瞭解，已經將撞擊的早期階段及其對環境的影響清楚地揭示出來了。在尤卡坦，隕星必然撞擊了富含水、碳酸鹽和硫酸鹽的海底；這將向同溫層排放分別高達2,000億噸的二氧化硫和水蒸氣。基於隕石坑表面形狀的撞擊模型顯示，撞擊是傾斜的，來自東南方向。這樣的軌跡必將使排出的氣體向北美聚集。化石記錄的確顯示植物群的絕滅在這個區域特別嚴重，但在這個

模式得到證實之前，還需要在其他地區進行更多的研究。阿爾瓦雷斯和其他人在撞擊影響方面所進行的研究表明，塵埃和雲團會使地球陷入冰凍和黑暗之中。然而，對大氣條件所製作的計算機模型顯示，由於海洋的熱慣性以及大氣層中顆粒物質的穩步沉降，數月之內光照水平和溫度就會開始反彈。不幸的是，在相當長的時間內情況都不會好轉，因為大氣中的二氧化硫和水會結合在一起，產生硫酸氣溶膠，它們會在5到10年內大大減少到達地球表面的光照量。這些氣溶膠將會起到使地球冷卻至接近冰凍和使地表浸透酸雨的雙重作用。

很明顯，這些預測僅僅建立在計算機模型的基礎之上，可能會出現誤差。然而，即使只是部分正確，撞擊以後環境影響結合在一起所產生的總體規模也將真正是毀滅性的，這可以從許多方面很好地解釋白堊紀末期的陸地和海洋絕滅。在某種意義上，奇怪的是竟然還有生物能夠在這種世界末日般的條件下倖存。

動搖

雖然近年來的許多研究都集中在解釋一顆大的隕星對全球生態系統所造成的環境影響，但對希克蘇魯伯地區的研究工作仍在繼續。為了對撞擊帶進行詳細探測，現已在撞擊坑中打下了一個1.5千米深的大鑽

孔。初期的研究成果略微打亂了前文所解釋的總體模式。鑽孔資料的一組解釋指出，撞擊坑可能在K–T界線之前30多萬年就已經形成了。這個時間間隔由 0.5米厚的沉積物所代表。有人以此為根據提出，白堊紀末事件並非只是單獨的一次大的隕星撞擊，而是發生了幾次大的撞擊，一直到K–T界線時為止 —— 它們累積的影響可能導致了這樣的絕滅模式。

顯然，這些新的發現預示，在未來的很多年裏無疑將會進行更多的研究，發生更多的爭論。其中相當重要的是與白堊紀末事件同時發生的大規模火山活動的資料。印度的德干地區呈現出一系列極厚的溢流玄武岩，估計有數百萬立方千米。這樣巨量的火山噴發對環境究竟有着怎樣的影響，以及這是否與地球另一面的隕星撞擊有着任何方面的聯繫，這些問題仍然有待於確定。

大絕滅是地球生命歷史上引人注目的間斷標誌 —— 確切指明它的原因是非常困難的，這一點並不令人感到驚訝。

恐龍研究的現在和不遠的將來

至此，我們應該很清楚地知道，像古生物學這樣的學科 —— 正如目前它被應用於研究像恐龍一樣令人着迷的動物時所表明的那樣 —— 本身具有明顯的不可

預知性。為了探討特定的議題或問題，人們可以訂立許多古生物學研究計劃。這些計劃也確實能夠滿足人們在理智上的要求；這對所有學科來說都是正常的。然而，機緣巧合也起着重要的作用：它可以將研究引入開始時意想不到的方向。它也有可能受到驚人的新發現的極大影響——在20世紀90年代早期，沒有人能夠預料到1996年神奇的「恐龍鳥」在中國的發現，而且這些發現持續至今；物理學和生物科學方面的技術進步在研究中也起到了越來越重要的作用，同樣使我們能夠以僅僅在幾年前還難以想像的方式研究化石。

為了利用許許多多這樣的機會，存在一群志同道合的人是很重要的。首先，他們必須對地球的生命歷史懷有持久的興趣，而且具有與生俱來的好奇特質。他們還需要在一系列廣泛的領域中接受某些訓練。雖然科學家個人在某種程度上能夠獨立工作和創造性思考仍很重要，但越來越多的情況是，需要多學科的團隊帶來與每個問題或每個新發現有關的更廣泛的技術，以便獲取能夠推動科學稍稍前進一步的信息。

最後……

我的中心思想比較簡單。我們作為人類，可以簡單地選擇無視地球上生命的歷史，而這一歷史通過研究化石至少可以部分地獲得解釋。的確有許多人堅持

這樣的想法。我要說，幸好我們中的少數人不這麼看。生命的華彩樂章已經跨越了過去的36億年——這是一個驚人的漫長時期。目前我們作為人類直接或間接地統治着大多數的生態系統，但我們僅僅是在過去的一萬年裏才上升到地球生命中的這個位置的。在人類出現之前，形形色色範圍很廣的生物佔據着統治地位。恐龍就是這樣的一個類群。從某種意義上來說，它們無意間充當了它們那個時代地球的管理者。古生物學使得我們能夠部分追溯它們的這一管理地位。

更深層次的問題是：我們能否從過去的經驗中學習，並運用它們來幫助我們，以使我們在最終消亡的時候為其他後繼的種群留下一個適於居住的地球？鑒於當前呈指數增長的人口、氣候變化，以及核能所造成的全球威脅，這是一個令人望而生畏的責任。地球不僅僅是「此時此刻」，而是具有久遠歷史的。我們是生存在這個星球上的、能夠意識到這一點的第一個物種。我真誠地希望我們不會同樣是最後一個。在研究了浩瀚無邊的化石記錄中物種的起伏盛衰以後，我們可以確信的一件事情是，人類不會永遠存在。

自從我們作為智人在大約50萬年前起源之後，我們人類可能會再延續100萬年，或者如果我們特別成功（或幸運）的話，也許甚至是500萬年，但我們最終將會重蹈恐龍的覆轍：這一點已經無可置疑地記錄在岩石中了。

推薦閱讀書目

D. E.G. Briggs and P.R. Crowther (eds), *Palaeobiology II* (Oxford: Blackwell Science, 2001)

C. R. Darwin, *On the Origin of Species by Means of Natural Selection, or the Preservation cif Favoured Races in the Struggle for Life* (London: John Murray, 1859)

R. De Salle and D. Lindley, *The Science of Jurassic Park and the Lost World, or How to Build a Dinosaur* (London: Harper Collins, 1997)

D. R. Dean, *Gideon Mantell and the Discovery of Dinosaurs* (Cambridge: Cambridge University Press, 1999)

A. J. Desmond, *The Hot-Blooded Dinosaurs: A Revolution in Palaeontology* (London: Blond & Briggs, 1975)

C. Lavers, *Why Elephants Have Big Ears* (London: Gollancz, 2000)

A. Mayor, *The First Fossil Hunters: Palaeontology in Greek and Roman Times* (Princeton: Princeton University Press, 2001)

C. McGowan, *The Dragon Seekers* (Cambridge, MA: Perseus Publishing, 2001)

D. B. Norman, *Dinosaur!* (London: Boxtree, 1991)

D. B. Norman, *Prehistoric Life: The Rise of the Vertebrates* (London: Boxtree, 1994)

D. B. Norman and P. Wellnhofer, *The Illustrated Encyclopedia of Dinosaurs* (London: Salamander Books, 2000)

M. J. S. Rudwick, *The Meaning of Fossils: Episodes in the History of Palaeontology* (New York: Science History Books, 1976)

D. B. Weishampel, P. Dodson, et al. (eds), *The Dinosauria* (Berkeley and Los Angeles: University of California Press, 2004)